EL ARTE DE ILUSTRAR SERMONES

L. J. THOMPSON

EDITORIAL PORTAVOZ

Editor: Luis Nahum Sáez
Diseño textual: Ark Productions
Portada: Meredith Bozek
Ilustraciones: Enrique Campdepadrós

EDITORIAL PORTAVOZ
P.O. Box 2607
Grand Rapids, Michigan 49501 USA

Visítenos en: www.portavoz.com

ISBN 0-8254-1719-8

1 2 3 4 5 edición /chg/ año 05 04 03 02 01

Impreso en los Estados Unidos de América
Printed in the United States of America

Jhon Norbey Granada

ÍNDICE

Agradecimientos   5
Introducción   7
Capítulo 1:   13
  En busca de una ilustración
Capítulo 2:   35
  El mal, y el buen uso de las ilustraciones
Capítulo 3:   51
  Misión imposible
Capítulo 4:   67
  El humor en las ilustraciones
Capítulo 5:   87
  Un sermón ilustrativo
Capítulo 6:   109
  Las partes de un sermó debidamente ilustradas
Capítulo 7:   133
  ¿Por qué necesitamos buenos predicadores hoy?
Apéndice   149
  Acerca de las ilustraciones: Dr. Osvaldo Mottesi
Bibliografía   159

Agradecimientos

¿Cómo llegué a escribir *El arte de ilustrar sermones?* La verdad es que nunca cruzó por mi mente escribir un libro sobre este tema. En febrero de 1998, asistí a ExpoLit Panamá; allí se me acercó un amigo de toda mi vida, Harold Kregel. Hablamos un rato y me contó que le estaba entregando el cargo de director de Portavoz al ilustre español, Luis Seoane, aunque todavía Kregel mantenía un poquito de «poder» en los asuntos editoriales.

Cambiando su actitud de colega a director, Harold me dijo: «Quiero que me escribas un libro acerca de el arte de ilustrar sermones». En su fino español —con acento gallego— añadió algo acerca de la necesidad de una obra en ese particular.

Gracias Harold, por el empujón.

Más adelante, el mismo año —aunque ahora en Iquitos, Perú, e inspirado por la petición de Kregel—, enseñé a un grupo de pastores una clase acerca del tema. Oí comentarios como: «¡Qué valiosas fueron estas lecciones!» «Ahora sí hallaré las ilustraciones que necesito». «Es la primera vez que oigo algo tan práctico». Eso agregó estímulo a mi empeño.

Así que puse a madurar algunas ideas en los meses posteriores, las revisé varias veces y concluyendo el año pasado, pese a toda la algarabía del fin de milenio, escribí los primeros capítulos.

El acicate de una persona que aprecio mucho aceleró esta obra. Gracias, Luis Seoane, por tu insistencia. Y puesto que terminé el libro a tiempo, ¡me debes la mejor cena de Grand Rapids! ¡Ah!, también debo decir: Estás haciendo un gran trabajo como director de Portavoz.

Otro que contribuyó llevándome de la mano de la Real Academia Española, a mi manuscrito es mi editor y amigo Nahum Sáez. Mil gracias por darle más claridad a todo lo que escribo.

Gracias también a mi ilustrador de hace décadas, Kike Campdepadrós. Argentina ha de estar orgullosa de tan genial dibujante. Tus dibujos dan vida a cualquier escrito.

Y mi último agradecimiento es a los muchos que me han obligado a escuchar sermones tediosos y mal ilustrados, pues me impulsaron a trabajar para tratar de remediar el problema.

Les Thompson

Introducción

Soy uno de esos que oigo predicar «desde el vientre de mi madre». Nací hijo de un gran expositor de la Palabra de Dios y, como consecuencia, cada predicador que he escuchado en mi vida siempre ha sido evaluado a las medidas de mi padre.

Nací en Cuba de padres misioneros. Mis primeros recuerdos son de mi padre, Elmer Thompson, predicando en el Tabernáculo Los Pinos Nuevos. Recuerdo de la manera en que subía al púlpito —su mismo porte demandaba silencio y atención. Aquellos eran días en que el respeto en la casa de Dios era requisito. Ese espíritu jocoso de hoy en día se consideraba irreverente y era reprendido. El templo representaba a Dios y, por ende, cuando entrábamos a la casa de Dios el temor del Sinaí caía sobre todos. Cuando mi padre subía al púlpito nadie dudaba de que Dios había enviado a su siervo para hablar en su lugar. Hasta la manera en que colocaba la Biblia sobre el púlpito (como objeto de gran reverencia) añadía a ese ambiente sobrio y santo.

Luego de abrir la Biblia, lo primero que hacía mi padre era levantar la vista. Esa mirada fija parecía absorber la congregación. Los ojos azules parecían poder penetrar instantáneamente hasta el fondo de cada alma, obligando a aquellos que habían pecado durante la semana a sonrojar o agachar la cabeza en vergüenza.

Esa mirada, además, parecía demandar de cada individuo la debida reverencia y respeto durante todo el sermón. La mirada también era como una proclama de que había llegado el momento más trascendental de la semana: Dios estaba por hablar de su santa Palabra por medio de su siervo.

Fue el no hacerle caso a esa mirada que en un domingo inolvidable me busqué un reventón. Niño que era, con el refunfuñar del sermón me olvidé del lugar en que estaba y me bajé de la banca para jugar a los autos pretendidos. De inmediato oí del púlpito el anuncio de mi nombre. Volteé la cabeza para encontrar los ojos furiosos de mi padre. «Leslie, estamos en la casa de Dios», me dijo. «Siéntate tranquilo al lado de tu madre y escucha.» Pero el sermón era largo y mi memoria corta. De nuevo, soñadoramente, los autos y camiones se convirtieron en realidad y nuevamente abandoné mi asiento para usar la banca como carretera. Tan absorto estaba en mi juego que no me di cuenta de que papá había dejado de predicar. Fueron las suelas de sus zapatos acercándose a la banca que por fin que me sacaron de mi trance —muy, pero muy tarde. Con una mano me levantó. Me giró en posición boca abajo, mi posterior indefenso ahora expuesto a la otra mano. Allí mismo, con el público numeroso de testigo, me dio lo que siempre he recordado como «una "santa" paliza». Testifico que me sirvió de gran beneficio espiritual, ya que desde aquel día jamás he podido dormir en una iglesia, no importa lo aburrido de un sermón.

Como venía diciendo, la misma voz con que mi padre pronunciaba sus palabras —voz sonora y clara como de clarín— llamaban a ese acto especial y único de adoración pública. Desde la primera palabra hasta al sagrado «amén» al final, lo que se sentía y se oía desde aquel púlpito villaclareño eran los pronunciamientos del Dios de los cielos.

Han de haber habido muy pocos los domingos en que los asistentes saldrían de esos servicios con un sentido de desilusión, pues, a mi criterio, eran encuentros profundamente espirituales.

Eran mensajes poderosos —ungidos poderosamente del Espíritu Santo. Ahora que también soy predicador y me encuentro en el deber de descifrar el texto sagrado, avaloro grandemente la manera brillante en que mi padre desenlosaba el texto bíblico. Sus mensajes siempre eran sencillos y claros, ocultando las muchas horas de preparación. Su proclamación era fluida y sus frases importantes puntualizadas con fuertes clamores. La aplicación del texto inescapable.

Pero también había un genio en su predicación que hacía sus sermones imborrables: ¡esas inolvidables ilustraciones! ¡Qué habilidad extraordinaria tenía papá para ilustrar! Tan precisas e interesantes eran que cuando uno las escuchaba sabía de inmediato no solo lo que el texto bíblico decía, pero cómo aplicar las verdades aprendidas al diario vivir.

Recuerdo un sermón que predicó basado en Hebreos 11.6: *Y sin fe es imposible agradar a Dios, porque es necesario que el que se acerca a Dios crea que él existe y que es galardonador de los que le buscan.* Remachó papá la verdad del texto contando una experiencia que tuvo en los comienzos del seminario Los Pinos Nuevos. Los bancos en Cuba se habían quebrado y con esa quiebra papá había perdido todo el dinero que había acumulado para el comienzo del nuevo curso en septiembre. Ilustró la lucha de la fe, contando:

> Cada día iba al correo. Esperaba que Dios supliera mi necesidad a través de un amigo en Norteamérica. Pero al apartado de correo 131 en Placetas no llegó ninguna carta. El día antes del comienzo de las clases fui una vez más, seguro de que ese día llegaría la carta esperada conteniendo el dinero en respuesta a mis oraciones. Que desalentado me sentí. No había carta. Todo lo que llegó fue un periódico cristiano de Moody en Chicago.
>
> Me quejé a Dios en todo el regreso a mi casa. ¿Qué iba hacer para el comienzo del seminario el día siguiente? Llegué a la triste conclusión de que Dios me había fallado. Entonces, casi sin

pensarlo, abrí el periódico que me había llegado. En la cubierta, impreso en letras grandes, estaba el texto: *Vuestro Padre sabe de qué cosas tenéis necesidad antes que vosotros le pidáis.*

¡Qué reproche sentí! Mi fe estaba puesta en un amigo norteamericano, no en Dios. ¡Creía que en el correo estaría la respuesta a mi necesidad! Arrepentido, pedí de Dios perdón, y reposé mi necesidad en él. Qué bien dormí esa noche. Sabía que Dios todo lo tenía en control.

Ese primer día del curso comenzaron a llegar los estudiantes. Recuerdo que el primero llegó silbando un himno, su rostro lleno de alegría. Vino a saludarme y a contarme de la maravillosa manera en que Dios le había bendecido durante las vacaciones y de una iglesia nueva que había establecido. Luego del saludo, siguió hacia el dormitorio de jóvenes. De pronto se giró, diciendo, «Hermano Thompson, se me olvidó una cosa», y vino corriendo hacia mí. «Es una carta de una viuda del campo donde estaba trabajando». Me dio la carta y siguió en su camino.

Abrí la carta y ahí estaba todo lo que necesitaba para comenzar el curso. Esa viuda me enviaba una ofrenda de $200 dólares como agradecimiento por el joven de Los Pinos que llegó a donde ella vivía con el evangelio.

Les digo amigos, poned vuestra fe en Dios, no en el hombre ni en las circunstancias, pues *vuestro Padre sabe de qué cosas tenéis necesidad antes que vosotros le pidáis.*

De las muchas cosas que aprendí de mi padre, una de las que más valoro —ya que como él también salí predicador— es la importancia de las buenas ilustraciones en un sermón. «Hijo —me decía— si quieres aprender a predicar para que el mundo te escuche, tienes que aprender el arte de ilustrar sermones.»

Mi esperanza es que en las páginas que siguen usted aprenda a valorar y emplear las herramientas y recursos brindados. Sobre todo, que se dé cuenta que toda persona puede aprender a ilustrar bien. A cada persona Dios ha dado dos cosas: (1) Su bendita Palabra y (2) las experiencias vividas. En la Biblia encontramos el mensaje que todo hombre necesita para vivir correctamente. La experiencia particular de cada persona le da abundante material para mostrar cómo ese mensaje transforma al ser humano. Lo que hace el buen predicador es armonizar estas dos fuentes. El desafío que presento en este libro es que al conocer el arte de ilustrar sermones aprendas a trazar bien la Palabra de Verdad.

Capítulo 1

En busca de una ilustración

Nuestro objetivo no es poner la gente a dormir,
sino hacerles vivir una verdad bíblica.

UNO
En busca de una ilustración

Por tus palabras serás justificado y por tus
palabras serás condenado.

Mateo 12.37

En el seminario, en una clase de oratoria, estudiábamos el tema de las ilustraciones. El profesor asignó una tarea que todos debíamos llevar a la próxima clase: escoger un pasaje de la Biblia, extraerle una frase importante y emplear una ilustración que le diera mayor claridad.

Al siguiente día, un compañero llamado Delbert, fue el primero en dar su ilustración. Nos contó acerca de la aventura de un joven estadounidense que visitó Londres por primera vez.

Antes de emprender el anhelado viaje, su madre le pidió encarecidamente que visitara a una tía y a unos primos que vivían en aquella ciudad lejana, para ello le dio la dirección de la casa de los familiares. Al llegar a Londres, lo primero que hizo el joven, como era de esperarse, fue dirigirse a los lugares turísticos más reconocidos —lo cual era el propósito principal de su visita—, luego trató de conocer otros parajes y por último se aventuró a encontrar a sus parientes.

En el hotel le dieron una idea general de cómo llegar, indicándole que no estaba muy lejos, que podía ir a pie, pero le advirtieron que se fijara bien en los letreros de los postes en cada esquina, los cuales indicaban el nombre de las calles.

Iba a medio camino cuando —inesperadamente— se percató de la densa neblina londinense que cubría la ciudad. Abriéndose paso entre ella, se paraba en cada esquina intentando leer el letrero del poste, pero el ambiente seminublado le dificultaba sus intentos más y más. Al fin creyó llegar a la calle que buscaba, y se aferró al poste. Lo trepó para poder leer la dirección, y se encontró con que el letrero decía: «Recién pintado. ¡No tocar!»

Interrumpiendo las carcajadas que invadieron la clase, mi amigo Delbert dijo: «No sé cuál texto de la Biblia ilustré, pero me parece una extraordinaria ilustración».

Nuestro interés en este libro es doble: (1) Ayudar al predicador que desea aprender a ilustrar, es decir, aquel que trata de aclarar las verdades que anuncia con relatos, reseñas, referencias, descripciones y dichos; (2) mostrarle cómo puede embellecer o hacer más amena e interesante su predicación, introduciendo material que aclara a la vez que deleita al que escucha.

¿Cómo describir, entonces, el libro que ahora está en sus manos?

Si tomamos el sentido literal de la palabra homilética (del griego *homiletikos,* que se traduce «conversación afable») entonces lo que enseñaremos en este libro es aplicable y, por lo tanto, útil. Aquí tratamos acerca de las maneras de hacer amena la predicación, de añadir ilustraciones a una plática para que esta sea gustosamente entendida. Si entendemos la palabra *homilética* en su sentido estricto —la forma en que se elabora un sermón— entonces este no es el texto que usted necesita, ya que solo trata de un aspecto del tema general de la predicación. Entendámonos bien. Nuestra determinación es clara: Al terminar de leer esta obra, usted habrá aprendido el arte de ilustrar, no el de predicar.

Así que el libro es *homilético* solo en el sentido de que enseña cómo amenizar una predicación. Es *hermenéutico* (arte de interpretar textos de la Biblia correctamente) solo en el sentido de ayudar al predicador a adornar lo que interpreta. Es *retórico* (arte del bien decir) solo en la medida en que ayude al orador a embellecer el contenido de los conceptos que proclama.

Lo que nos motiva es que muchas veces, mientras el predicador expone su sermón, muchos están sentados en la iglesia, con los brazos cruzados, los ojos cerrados y disfrutando un profundo sueño. Y como que la iglesia no debe ser el sitio para echarse una siestecita, en estas páginas pretendemos ayudar al pastor a encontrar maneras de añadir interés a lo que predica con ilustraciones que en verdad comuniquen lo que se quiere hacer llegar al público. El contenido de este libro, pues, tiene que ver solo con esta parte del sermón: la ilustración. Es decir, exponer las maneras de hacer claro el mensaje mientras el predicador lo proclama. Queremos hacer desaparecer esa cantidad incontable de sermones secos que adormecen a la gente.

El predicador tiene dos problemas

Al articular un sermón de la mejor manera posible para presentarlo ante una audiencia, el predicador enfrenta un reto especial: tiene que interesar al público al que se dirige con lo que dice. Si escoge un tema que no es de interés para la audiencia, «destruye» el sermón antes de comenzar. Pero si selecciona uno apropiado, si desea mantener el interés del público respecto al tema que predicará, si busca maneras de aclarar los puntos más difíciles, tal predicador es probable que acepte las sugerencias que aquí ofrecemos. Es necesario hacer una advertencia: No lea lo que escribimos pensando que todo lo que necesita son dos o tres buenos y graciosos cuentos. Eso no es lo que se entiende por ilustrar.

Demos el concepto de una vez, y de inmediato veremos que hay muchas otras definiciones. Por *ilustrar* queremos decir:

1. La acción y el efecto de dar luz al entendimiento.[1]
2. Explicar un punto o materia.[2]
3. Alumbrar interiormente a la criatura con luz sobrenatural.[3]
4. Depositar un nido de ideas en la mente.[4]
5. Captar la atención en medio de una distracción.[5]
6. Contar una historia, presentar un relato, un chiste, un dicho, una lectura que logre establecer una buena relación con la audiencia, persuadiéndoles de la verdad que se les predica, y sobre todo, enseñar.[6]
7. Aquello que ayuda a desarrollar ideas, a ampliar el horizonte, a llegar a aceptar opiniones nunca antes imaginadas, y que a veces hasta lleva el oyente a conclusiones contradictorias.[7]

Y a estas se podrían añadir muchas más. Lo importante es reconocer que el reto para nosotros es captar la atención de los que nos escuchan mediante ilustraciones interesantes. Comencemos, pues, con una simple pero a la vez entendible premisa.

La mayoría de las ilustraciones que hallaremos se caracterizan por uno de dos problemas:

1. Son inadecuadas: blandas, flojas, sin vida.

2. No vienen al caso.

Por ejemplo, en la escuela dominical —después de una discusión en la clase, y para calmar a los alumnos, la maestra le pidió a Juanito que orara. El muchacho oró así: «Señor, haz que los malos sean buenos y que los buenos sean simpáticos». Ahí tenemos un suceso gracioso y a la vez real. Pero, ¿dónde cabe?

---

1. Julio Casares, *Diccionario ideológico de la lengua española*, Editorial Gustavo Gili, S.A., Barcelona, 1959, p 462.
2. Ibid..
3. Ibid.
4. Frank S. Mead, *Encyclopedia of Religious Quotations,* Fleming H. Revell Co., Westwood, N.J., prefacio.
5. Saul Bellow, *George Plimpton,* Writers at Work, 1967.
6. Steven & Susan Mamchak, *Encyclopedia of Humor,* Parker Publishing Company, West Nyack, N.Y., 1987.
7. Ralph Emerson Brown, *The New Dictionary of Thought,* Standard Book Co., 1957.

Seguramente, si como predicador ha intentado ilustrar sus pláticas, ya habrá confrontado estas dos realidades: ilustraciones inadecuadas o las buenas pero que no tienen nada que ver con lo que se predica.

Primero pensemos en un predicador que no puede encontrar las ilustraciones apropiadas. ¿Qué hace? Puede ser que decida no emplearlas en su sermón. Todos los domingos los escuchamos —¡sermones sin ilustraciones! Por ejemplo, este domingo pasado fui a una iglesia y escuché un buen sermón que el pastor tituló: *La gracia de Dios,* basándose en Efesios 1.3-14. El esqueleto del sermón era excelente. El predicador escogió los puntos apropiados, y los explicó a su mejor manera. Seleccionó los textos con sumo cuidado, los hizo leer, seguidos por comentarios adecuados. Pero —como muchos predicadores— carecía de ilustraciones, las que le habrían dado vida y carne al esqueleto.

Mientras predicaba observé a varios adolescentes sentados en la audiencia. Bostezaban. Agarraban el himnario. Lo hojeaban. Leían un himno aquí, otro allá. Lo colocaban de nuevo sobre el asiento. Reclinaban la cabeza sobre el banco de enfrente y por largos ratos contemplaban el piso, como si estuvieran contando hormigas —todo ello evidencia clara del puro aburrimiento. Lo paradójico era que se predicaban algunas de las más sublimes verdades del evangelio, pero a aquellos jóvenes no los estaba alcanzando.

¿Es que a los jóvenes les faltaba interés en las cosas espirituales? No lo creo. ¿Es que eran indiferentes a la Palabra de Dios? Tampoco lo creo. Es que el predicador no intentó «ponerse en onda» con ellos. No comunicaba la verdad de una manera que la captaran. La razón básica es que ¡le faltaban ilustraciones!, —ese tipo de prédicas que hacen vivir una verdad bíblica y que activan la imaginación de los que la escuchan.

El Dr. Osvaldo Mottesi afirma: «El uso de lenguaje abstracto condena la predicación al fracaso. Esto no es un problema meramente comunicativo, sino también teológico. No es solo que nuestros oyentes no entiendan o que les cueste demasiado seguir los argumentos puramente abstractos y por consiguiente se aburran y se desconecten de la predicación, sino que nuestro Dios se revela a la humanidad a través no de abstracciones sino de personas y situaciones concretas de la vida diaria».[8]

¿De qué hablamos? De la necesidad de avivar nuestra predicación, haciéndola amena, llena de esos elementos retóricos que cautivan la atención, el más importante siendo ilustraciones apropiadas.

Ejemplo de una buena ilustración

Comencemos con la misma palabra *«gracia»* del sermón ya mencionado. Si usted predicara sobre ese tema, ¿cómo lo haría? Quizás se le ocurra correr al diccionario, dar la definición clásica de la palabra *gracia* y seguir adelante con el sermón. ¡Espere! No tan rápido. Las definiciones de diccionario tienen su lugar, pero también pueden ser muy secas y demasiado técnicas para gente no estudiosa. Además, una explicación de diccionario no es una ilustración —es solo y simplemente una definición. Hablamos de la técnica de crear un eslabón comunicativo con los que nos escuchan, ¡no ponerles a dormir! Mejor sería dejar al diccionario en el anaquel un rato y buscar una solución más atractiva.

Ya que pusimos el diccionario a un lado, ¿a dónde debemos ir? Pregúntese, ¿qué es lo que —sobre todas las cosas— nos interesa más? ¡La gente! Sí, a la gente, al *homo sapiens,* a nosotros que somos de la propia especie humana. Walt Disney, para lograr que los niños se queden pegados al televisor, usa animales, ¡pero les da personalidad humana! Es más, para hacerlos atractivos, los coloca en situaciones muy humanas. Hace uso de toda la gama de emociones, temor, amor, sospecha, desánimo, lágrimas y alegrías propias del ser humano —todo para captar nuestra atención. El secreto de su éxito es esa humanización de sus personajes. Lo que digo es que a todos nos gusta oír de *gente,* de cosas que nos suceden, de experiencias que tenemos, de tristezas o goces que sentimos.

8. Osvaldo Mottesi, *Predicación y misión,* LOGOI, Miami, Florida, p. 250.

Otro ejemplo. ¿Por qué es que las mujeres se quedan tan pegadas a las telenovelas? Lo que ven son crisis, pleitos, celos, envidias, rollos —todos puros inventos que se toman de situaciones humanas típicas. ¿A quién les interesa? ¡A todas! La verdad es que a todos nos interesan las situaciones humanas —aunque sean inventadas como las de la televisión—, esas que perduran en la imaginación. El hombre secular sabe usar los medios para atraer la atención. ¿Por qué nosotros no? Estos principios están igualmente a nuestro alcance.

Ahora bien, si usted como expositor de la Biblia puede tomar un concepto abstracto —por ejemplo, este de la gracia de Dios— y envolverlo en humanidad, ¿no aseguraría la atención de todos que escuchan el sermón?

Recordemos a Natán cuando fue ante el rey David para condenarlo. El concepto *abstracto* sobre el cual el profeta tuvo que «predicarle» al rey tenía que ver con su pecado de infidelidad. ¿De qué manera habría de captar la atención del rey?

Por ejemplo, el profeta podría haber llegado con un pergamino hebraico enmarcando la definición mosaica del...¡ahem!... adulterio y su terrible castigo. Si así hubiera hecho, me imagino que David —al estilo del famoso presidente Clinton— habría traído a sus mejores abogados para defenderse con un sinnúmero de tecnicismos legales. No. Natán *humanizó* el pecado contando una historia. Creando un cuento. Y así describió con lujo de detalles a un poderoso abusador y cómo se aprovechó despiadadamente de un débil infortunado. Tan cautivado estaba David con la historia que, sin darse cuenta, se condenó a sí mismo. Natán admirablemente logró su objetivo.

Imitar el estilo de Natán es lo que buscamos cuando ilustramos —¡es preferible a consultar un diccionario! Ahora bien, buscar tal tipo de ilustración humana para avivar un sermón es lo que distingue a los grandes predicadores de los ordinarios. Pues, encontrar tal tipo de ilustración es lo que consume tiempo y trabajo (mucho más complicado que irse corriendo al diccionario). Recordemos que, aparte de exponer con claridad el sentido bíblico, nuestro intento como predicadores es asegurarnos que los adolescentes que nos oyen dejen de bostezar y los ancianos de cabecear. Como dice el famoso comunicador, el Dr. Steve Brown: «El regalo más preciado que una audiencia puede obsequiarle es su tiempo. Una vez que lo reciba, no lo despilfarre hablando de cosas que no necesitan escuchar».[9]

Para seguir con nuestra meta de ganar la atención ¿cómo, entonces, podríamos hacerlo al tratar el tema ya mencionado de ese sermón acerca de la *gracia* que resultó aburrido para los jóvenes? Primero, percatémonos de que para que el público de veras preste atención al sentido de la palabra *gracia* necesitamos un incidente humano que nos sirva para explicar lo que se entiende bíblicamente. ¿Cuál? ¿Dónde hallarlo?

En busca de una ilustración eficaz

Del diccionario nos enteramos que *gracia* quiere decir «un favor inmerecido». Es el sentido de esa palabra —gracia— lo que queremos destacar. Como primer paso no vamos a ir a un libro de ilustraciones para ver qué nos dicen Spurgeon o Moody acerca de la palabra gracia. Entendamos que no es que ellos no supieran ilustrar, al contrario, lo hicieron perfectamente es sus días. Pero la vida actual es muy distinta, y lo que le interesa a la gente es algo que esté ocurriendo en sus vidas hoy, no lo que ocurrió hace 100 años.

Busquemos algo que se identifique con nosotros hoy, cosas que conocemos y sentimos... que tengan que ver con *gracia,* algo valioso que una persona recibió aunque no lo mereciera. Para esto hagamos una lista de posibilidades que se nos ocurran, todas con ese elemento de «favores inmerecidos»:

1. Por ejemplo, el artículo que leímos esta mañana en el

---

9. Steven Brown, *Cómo hablar,* Baker Book House, Grand Rapids, Michigan, p. 114. El doctor Brown es profesor de Homilética en el Seminario Reformado de Orlando, Florida.

diario acerca del deportista desconocido, sin esperanzas de éxito, que accidentalmente fue visto por un entrenador famoso. Este, reconociendo sus dotes, lo hizo firmar un contrato con un importante equipo y un salario increíble.

2. Otro, quizás más exótico. Si lo hizo Natán el profeta, y si los directores de televisión lo pueden hacer, también nosotros —eso es, dar rienda suelta a la imaginación en busca de un relato ficticio. Imaginemos a una joven que en un mercado se encuentra improvisadamente ante un príncipe. A primera vista, este es cautivado por la hermosura de la chica. La persigue, le regala prendas costosas y la enamora con pasión. Al fin, una noche bajo los rayos de la luna, él le expresa su amor, y ella lo acepta como su enamorado. A los meses se casan, y de un día al otro ella, que esperaba solo conocer la pobreza, se convierte en una mujer famosa y rica.

3. O, nos acordamos de la conmovedora historia de un niño de la calle, de doce años de edad, abandonado por sus padres. La prensa relata que a este chico lo capturaron robando la casa del pastor de la Iglesia Metodista, el reverendo Rubén García. Lo sorprendente del relato es que este pastor, en un gesto singular, en vez de acusar al muchacho ante la policía, con el consentimiento de su esposa, pide la custodia del delincuente con el propósito de adoptarlo como hijo.

Ya que buscamos una ilustración adecuada para describir lo que es *gracia,* recordemos que la Biblia es una gran fuente de ilustraciones. ¿Qué relatos podríamos encontrar en la Biblia que ilustren este tema de la *gracia*?

4. El ladrón en la cruz que a último momento halló el perdón de Jesús y la entrada al cielo.

5. Ester, la hermosa y bella joven judía escogida como reina por el rey Asuero.

6. Saulo, el perseguidor de la iglesia, sorprendido por Jesús en el camino a Damasco, y gloriosamente transformado en el gran apóstol.

Cómo evaluar la ilustración adecuada

Ahora, con las seis posibilidades anteriores, comenzamos el proceso de escoger la ilustración *apropiada.* Ya hemos visto que hay una gran diferencia entre una seca definición de diccionario —*gracia,* favor inmerecido— y una ilustración viva que seguramente atraería la atención de todos, incluso a los adolescentes.

Indicamos hace un momento que el predicador tiene dos problemas:

1. Ilustraciones inadecuadas —blandas, flojas, sin vida.

2. Ilustraciones que no vienen al caso.

Así que buscamos esa buena ilustración que describa gracia, favor inmerecido. Examinemos la primera:

Un deportista desconocido, sin esperanzas de alcanzar la fama, es accidentalmente visto por un entrenador famoso. Este, recono-ciendo sus dotes, le hace firmar un contrato con un importante equipo y un salario increíble.

¿Define eso lo que significa *gracia* en su sentido bíblico?

Necesitamos ir al diccionario —no para leer la definición al público, sino para asegurarnos de que literalmente en-tendemos el sentido de la palabra (o frase) que nos proponemos ilustrar.

Nos sorprende encontrar que el diccionario común define *gracia* como un *don natural que hace agradable a la persona que lo tiene.*[10] Obviamente ese no es el sentido bíblico. Por tanto, ya que se trata de un concepto importante de la Biblia, vayamos a un *diccionario bíblico.*[11] Allí leemos: «*Gracia*: la generosidad o magnanimidad de Dios hacia nosotros, seres rebeldes y pecado-res... [L]as Escrituras son vigorosas al afirmar que el hombre no puede hacer nada para merecerla». De ahí la abreviada definición que tantas veces oímos: **Gracia, don o favor inmerecido.** (Repito: como predicadores debemos tener bien clara la definición sagra-da, no para leérsela al público —cosa que ya enfatizamos— sino para saber qué es lo que debemos enseñarle a la congregación.)

24

Apliquemos la definición bíblica a la primera ilustración. ¿Hay algo en el «deportista desconocido» que le haría *merecedor* del puesto que le ofrece el entrenador? Lamentablemente sí lo hay. Dice el relato «reconociendo sus dotes». Le da el puesto y el salario porque se lo merece. *Esta ilustración, por tanto, no nos sirve,* puesto que el deportista se merecía el reconocimiento. *Gracia es favor* **inmerecido.**

Veamos la segunda ilustración:

Una joven improvisadamente se encuentra ante un príncipe. A primera vista, este cae presa de su hermosura, la enamora y se casan; de un día al otro ella, que solo conocía la pobreza, es rica.

¿Ilustra esto la gracia inmerecida? De nuevo tenemos que **rechazarla** (a pesar de que pudiera haber sido atractiva para las jóvenes que estuvieran en la audiencia). El príncipe la busca por los méritos de su belleza. Si es por *gracia*, no hay cabida a mérito personal alguno.

La tercera ilustración:

Un niño de la calle, abandonado por sus padres, un día se mete a la casa de un pastor metodista y le roba algunas cosas de valor. Este, en lugar de llevarlo a la policía, lo lleva de nuevo a su hogar. Como no tiene hijos, decide adoptarlo con el consentimiento de su esposa, y darle abrigo, amor y un nombre.

¿Tiene algún mérito este niño? ¡Lo que merece es una buena paliza! Ahora sí tenemos una ilustración válida, pues describe a perfección lo que es la *gracia* de Dios. Lo que tenemos que decidir, entonces, es si esta es la ilustración que queremos usar. Quizás podríamos encontrar una más apasionante, más impactante, más apropiada al sermón que vamos a exponer. Sea como sea, la ilustración es válida.

10. Real Academia Española, *Diccionario de la Lengua Española, 1970.*
11. *Diccionario Ilustrado de la Biblia,* Editorial Caribe, Miami, Florida.

De las tres posibles ilustraciones extraídas de la Biblia, vemos que tanto la cuarta como la sexta llenan los requisitos. La quinta no, porque de nuevo vemos que el rey Asuero escoge a Ester por su increíble hermosura. La Biblia enseña que Dios nos escoge a nosotros puramente por gracia: somos como el ladrón crucificado al lado de Jesús, llenos de pecados, y sin mérito alguno para ir al paraíso. Nos parecemos a Saulo, quizás muy religiosos, muy celosos de los méritos que poseemos, pero indignos de esa gracia y favor divinos. Si uno llega a Dios con méritos personales, estos —por decirlo así— intentan anular o desacreditar los gloriosos atributos de Cristo en su obra de redención.

Es así que, al preparar el sermón sobre el tema de la *gracia*, podríamos usar cualquiera de estas tres: (a) la del niño que es adoptado, (b) el ladrón penitente, o (c) el orgulloso y autosuficiente Saulo. La decisión la tomaríamos de acuerdo a la que más nos guste. Es decir, si una ilustración explica el sentido de la verdad bíblica que exponemos, se puede usar. Por supuesto, al contar la historia el predicador puede repetir varias veces la definición gramatical: «La gracia es un regalo inmerecido». Pero lo que va a atraer la atención, a la vez que aclarará el sentido, es la ilustración especial que cuidadosamente se escoja.

Unos comentarios generales

Ahora puedo percibir horror y espanto en los ojos de los pastores. Se están diciendo: ¿Tengo que atravesar ese proceso para seleccionar cada ilustración? Dios mío, ¡no tengo tiempo para hacer todo eso!

Mi respuesta es sencilla. Tiene que decidir entre sermones fáciles con gente dormida todos los domingos, o dinámicos que mantienen la atención de la congregación. La decisión es suya; y los que sentirán la diferencia serán los que le escuchan domingo tras domingo. Usted tiene que decidir si desea ser un elocuente predicador del evangelio, o un predicador común que la gente escucha por obligación.

Hemos indicado que el propósito de la ilustración es: (1) atraer la atención y (2) aclarar el sentido.[12] Si como predicadores

En busca de una ilustración

hemos trabajado horas preparando un sermón, de ninguna manera queremos que los que han de llegar para escucharlo se lo pierdan. Es por eso que desde que comenzamos el mensaje necesitamos tener algo excepcional para que los que nos escuchan salgan de su ensueño (creo que la gente siempre trae sueño cada vez que llega a la iglesia). Cuando el predicador sabe tirar un anzuelo retórico, desde el principio capta la atención de todos.

A su vez, esa herramienta retórica no debe traspasar los límites de propiedad. La iglesia no es un salón de entretenimiento, es la Casa de Dios. Jamás, como mensajeros divinos, podemos olvidarnos de la dignidad que acompaña nuestro llamado. Como regla, parafraseamos la admonición de San Pablo: *«Todo lo que es verdadero, todo lo honorable, todo lo justo, todo lo puro, todo lo amable, todo lo que es de buen nombre, si hay virtud alguna, si hay algo que merece alabanza, de esto predicad»* (Filipenses 4.8). Pero hay un segundo punto que necesitamos destacar antes de concluir este capítulo. No solo predicamos para captar la atención, predicamos para expresar el significado del texto bíblico. Es lo que San Pablo llama *«la palabra de la cruz»*. Para los que no conocen a Dios, tal tipo de predicación es *«locura»*; pero para los que amamos al Señor es *«palabra de vida»*.

Como dijo el gran predicador Ralph Sockman, pastor de la Iglesia Metodista de Cristo en Nueva York: «La esperanza del púlpito descansa en la profundización del mensaje para que llegue hasta la verdadera crisis espiritual en que vive la gente hoy día, y nunca en esa frivolidad que se acostumbra en un intento por captar la atención de los que no están interesados».[13] Por tanto, queremos predicar lo que los corazones vacíos y perdidos necesitan y no lo que la gente quiere oír. A su vez, tenemos que predicar con tal

---

12. El Dr. Osvaldo Mottesi indica que hay trece propósitos que cumplen las buenas ilustraciones: 1) captar y mantener la atención, 2) aclarar las ideas, 3) apoyar la argumentación, 4) dar energía al argumento, 5) hacer más vívida la verdad, 6) persuadir la voluntad, 7) causar impresiones positivas, 8) adornar verdades majestuosas, 9) proveer descanso frente a la argumentación abstracta, 10) ayudar a retener lo expuesto, 11) reiterar o dar variedad a la repetición de un concepto, 12) aplicar indirectamente la verdad, 13) hacer práctico el sermón. (*Predicación y misión*, p. 256.)

pasión y contenido que la gente nos escuche. La verdad salvadora tiene que ser presentada de tal forma que sea ineludible.

Además, casi siempre surge la inquietud: «¿Cuán extenso debe ser el sermón o cuánto tiempo debe tomar?» En *Christian Science Monitor* [El observador de la ciencia cristiana] apareció hace un par de años un artículo sobre lo prolongado de los sermones. Se llegó a la conclusión de que, debido a que la gente hoy día no escucha, el sermón nunca debe pasar de quince minutos. ¡Imagínense! Los míos promedian los cincuenta minutos. ¿Qué respuesta doy a tal conclusión?: «Si no se está diciendo nada, esos quince minutos parecerán una eternidad. Pero si algo significativo se está diciendo, cincuenta minutos parecerá un poquito más de quince minutos».

El problema de la gran mayoría de los sermones no es su extensión, es su falta de contenido. Hoy, como lo hizo Ezequiel en su día (Ez 13.8), se puede hablar de los pastores que *«hablan vanidad»* —predican sermones vacíos, con falta de contenido. Estos, como añade Jeremías, son *«pastores que destruyen y dispersan las ovejas [del] rebaño»* (Jer 23.1), pues al no tener mensaje de Dios, sustituyen con palabras vacías lo que Dios hubiera querido que oyera su pueblo. La consecuencia, créanlo o no, es que por su falta de contenido guían falsamente a la congregación, pues no dan ni dirección ni instrucción.

Una ilustración, por buena y conmovedora que sea, nunca puede sustituir el contenido del mensaje. Lo que hace la buena ilustración es enfatizar la gran verdad que anuncia el predicador, dándole vida. Cuán maravillosa es la naturaleza de una buena ilustración que puede tomar una enseñanza declarada hace dos mil años y contemporizarla —dándole una dimensión y aplicación moderna.

Regresemos al mensaje de la gracia
Ya que hemos destacado la importancia de tener un buen contenido, ¿por qué no regresar al tema de la gracia tratado por

---

13. Paul Butler, editor, *Los mejores sermones de 1964*, p. 19.

Pablo en Efesios 1? Al hablar de la gracia de Dios, notemos el reto que se nos presenta: no solo es definir el sentido de la palabra misma, sino también dar a conocer todas las ramificaciones de esa gracia en nuestras vidas. En el texto, San Pablo nos indica que la gracia de Dios:

1. Nos bendice con toda bendición espiritual (Ef 1.3)
2. Nos escoge para ser el pueblo santo de Dios (Ef 1.4)
3. Nos adopta como hijos de Dios por Jesucristo (Ef 1.5)
4. Nos hace aceptables a Cristo, perdonándonos los pecados (Ef 1.6-7)
5. Nos da a conocer la voluntad de Dios para nuestras vidas (Ef 1.9-10)
6. Nos da una herencia eterna en la gloria (Ef 1.11-12)
7. Nos sella con el Espíritu Santo de la promesa (Ef 1.13)

¡Siete facetas importantes de la gracia, el número bíblico que indica perfección! ¡Cuán perfecta es esa gracia de Dios! Ahora, en el sermón, nos toca tratar estas siete cualidades increíbles, aclarándolas de tal forma que ni los jóvenes bostecen ni los viejos se duerman. Más bien, que tanto jóvenes como ancianos, salgan del servicio rebosando de gozo por lo que significa ser objetos de la gracia de Dios.

El desafío retórico espiritual

Al predicar un sermón, nuestro reto es definir y explicar con brillante lucidez lo que significa en forma práctica:

1. Recibir «toda bendición espiritual»,
2. Ser «pueblo santo»,
3. Ser «adoptados» por Dios,
4. Ser «aceptados» como resultado del perdón,
5. «Conocer la voluntad de Dios»,
6. Tener una «herencia» en el cielo, y
7. Ser «sellados» por el Espíritu Santo.

¡Imagínese, encontrar una excelente ilustración para cada uno de estos siete puntos! ¿Cómo hacerlo? Comenzamos tomando cada uno de estos siete elementos y examinándolos uno por uno.

1. Recibir «toda bendición espiritual»

¿Qué es una bendición espiritual? No lo compliquemos, creando un místico encuentro con Dios —por ejemplo, una visión; una aparición de un ángel, etc. Nada de eso es lo que enseña el apóstol Pablo. ¿Qué beneficios espirituales ha recibido usted por la *gracia* de Dios?

a) La Biblia, que contiene el mensaje del Dios que nos ama
b) Jesucristo, que vino a este mundo para morir por mis pecados
c) La iglesia, donde acudo a escuchar el mensaje de Dios
d) La salvación que tengo por la fe en Cristo
e) El perdón de mis pecados
f) La presencia del Espíritu Santo que camina conmigo día tras día.
g) La promesa de estar para siempre en el cielo con Cristo.

¡Siete bendiciones! Ciertamente una de ellas emociona. No tiene que ir ni a Spurgeon ni al libro de ilustraciones de Moody, porque tiene algo personal mucho más impactante —¡el día en que usted mismo recibió a Cristo! Los detalles, los sucesos que ocurrieron alrededor de ese encuentro, es lo que harán la ilustración interesante. ¿No cree usted que a los jóvenes de su congregación les gustaría escuchar acerca de esa bendición espiritual que recibió por la gracia de Dios? Y ¡ahí tiene la ilustración que necesitaba para este punto! Recuerde que la ilustración no es el mensaje, así que estos comentarios que hace deben ser breves, aunque emotivos.

2. Ser «pueblo santo»

Vemos que el sermón se crea por sí mismo. Lo que se está haciendo es una exposición, verso por verso, de lo que dice el apóstol. Cada frase se está analizando, explicando e ilustrando. Es así que llegamos a la segunda bendición, la de ser un pueblo santo, es decir:

a) Lavado por la sangre de Cristo
b) Apartado del pecado
c) Que no busca su placer en lo que Dios prohibe
d) Que vive para agradar a Dios.

Para destacar esa verdad y hacerla viva para el día de hoy, se busca una ilustración que de forma ineludible toque el corazón de todos los presentes, algo con que se pueden identificar al pensar en la importancia de ser «pueblo santo». En algunos casos las ilustraciones negativas son útiles, por ejemplo:

Me contaban hace poco acerca de un joven de 17 años de edad, nacido y criado en la iglesia, que se apartó del Señor. Se unió a un grupo de amigos inconversos. Pronto, junto a ellos, se involucró en consumo de cocaína y toda la vida inicua que eso representa. Su madre, una fiel cristiana, maestra de escuela dominical, no tenía control sobre las decisiones de su hijo. Días atrás fue despertada por la policía que le anunció que su hijo había matado a un hombre a tiros. La esperaban a ella en el comando policial para identificar a su hijo. (El predicador, entonces, con breves comentarios, establece el peligro de dejar al Señor, de ir por caminos de iniquidad, junto con el valor de ser «pueblo santo»; ¡recuerde que la ilustración no es su sermón! Siga con Pablo, no con los delincuentes.)

3. Ser «adoptados» por Dios,

Aquí está la gran doctrina paulina, que enseña que la manera en que Dios nos hace «hijos» es por adopción. Somos hijos naturales de Adán, heredamos todas sus características pecaminosas. El pecado es parte y costumbre nuestra. Cuando Cristo nos salva, nos saca de la familia de Adán y nos adopta legalmente, comprándonos con su sangre, para colocarnos en la familia de Dios. Ahora nos pone en un ambiente sano, santo, puro. Y nos da poder (Juan 1.12) para vencer las tendencias pecaminosas que aún fluyen por nuestras venas, pues hasta que muramos seguimos siendo de la raza humana, hijos de Adán por naturaleza (por esto es que los cristianos también pecan). Pero como hijos adoptivos de Dios nuestro Padre, tenemos sus promesas, su poder y su perdón continuo.

La ilustración: Hoy en día muchas familias adoptan hijos. Imagínense un niño nacido en un hogar pecaminoso, con toda clase de costumbres y hábitos oprobiosos, que es adoptado por una familia cristiana. Fíjese en todo lo que tiene que aprender.

La nueva familia no le permite blasfemar, mentir, ni reunirse con compañeros de mala reputación. Lo mismo sucede cuando somos adoptado por Dios. Tenemos que dejar los hábitos del pasado, tenemos que aprender un vocabulario nuevo, tenemos que comportarnos de acuerdo a lo que Dios pide. El problema de muchos cristianos es que no quieren abandonar por completo su vida del pasado. ¡Quieren tener un pie en el mundo y otro en el cielo! Dios pide que comprendamos lo que significa ser adoptados en su familia, para que comencemos a comportarnos de acuerdo a ello.

4. Ser «aceptados» como resultado del perdón

Habiendo visto cómo tratamos un pasaje, ¿cree que puede hacerlo? ¿Qué quiere decir ser «aceptado» como resultado del perdón que nos da Jesucristo? Haga una lista de posibilidades. Como ilustración sugiero la última pareja que se casó en la iglesia. Allí hubo un caso de doble aceptación: el novio aceptado por la familia de la novia y viceversa. Las ilustraciones siempre salen o fluyen naturalmente del tema que se enfatiza, y nunca se imponen sobre el mismo. En otras palabras, no se comienza con la ilustración, se comienza con el tema. Al ir elucidando el sentido del tema, la ilustración fluye naturalmente.

Las ilustraciones están por todos lados. Cada semana ocurren mil cosas que pueden ser usadas para ilustrar verdades. Lo que como predicadores tenemos que aprender es a reconocerlas —a tener ojos que capten lo extraordinario y lo distingan de lo ordinario. Pónganse, pues, a pescar y, de paso, tiren esos libros de ilustraciones que tienen en su biblioteca, al menos colóquenlos en un rincón. Hoy la gente en su congregación no quiere oír de Spurgeon ni de Moody, quieren oír de la manera en que usted lucha con la vida y aprende de sus experiencias.

Asegúrese de sus interpretaciones bíblicas

Para estar seguros de que interpretan correctamente el texto divino (esta siempre debe ser la gran preocupación del predicador), es sabio consultar algunas obras de eruditos bíblicos. En este caso podríamos referirnos al *Diccionario Bíblico Caribe* (allí encontrarán excelentes explicaciones del significado de todas las palabras clave mencionadas en ese pasaje, con la excepción de los términos «aceptados» y «voluntad de Dios».

Cada predicador debe poseer un buen diccionario bíblico. Además del diccionario, sugiero que se consulte un buen comentario que trate acerca del pasaje bíblico escogido (por ejemplo, Editorial Portavoz tiene dos comentarios: *Epístola a los Efesios,* por Ernesto Trenchard y Pablo Wickham; y otro que se titula *Efesios: la gloria de la iglesia,* por Homer A. Kent —debe poder conseguirlos en su librería). Estos comentarios le ayudarán a conocer lo que el apóstol quiso decir en este pasaje, y le darán la base necesaria para seleccionar buenas ilustraciones.

Cuando se consulta un comentario, nuestra tendencia es simplemente citar lo que dice ese autor. Eso no se debe hacer, a menos que allí se encuentre algo tan extraordinario que mejore su propia explicación. Los comentarios más bien deben servir para el estudio personal. Su tarea como predicador es estudiar esos textos, leyéndoles vez tras vez , buscando clara explicación para cada frase, luego le toca masticar y remasticar el pasaje. Entonces, con oración y confianza en Dios, tomar todas esas explicaciones y ponerlas en sus propias palabras, usando su propio estilo y vocabulario al predicar.

Sus oyentes —a menos que sean profesores— no están interesados en las implicaciones escatológicas ni de la *parousia,* ni en el *supralapsarianismo,* ni en palabras griegas que no pueden pronunciar, ni en la *praxis,* ni el *escatón,* y mucho menos la extensión de su vocabulario personal. Hoy la gente quiere que se les hable en castellano simple y claro. Ya que usted es el pastor de ellos, conocido por ellos, la persona en la cual confían, les interesa saber qué es lo que *usted* entiende por los textos citados. Recuerde que aunque somos predicadores no somos cotorras, repitiendo lo que otros dicen. Somos seres inteligentes que estudiamos, conocemos y llegamos a nuestras conclusiones.

Luego de hacer todo el estudio, puede que al preparar el sermón la cantidad de material que resulte sea mucha y se percata de que requerirá más tiempo de lo que se le puede dedicar en un servicio. La solución es simple: dedicarle dos o tres domingos al tema. Lo que se clasificaría como imperdonable sería tratar un tema (como el que hemos usado como base para nuestro aprendizaje, la de la sublime gracia de Dios) de una forma tan superficial que contribuyésemos a los bostezos y los ronquidos —una predicación vana— que espiritualmente entumece los corazones de los oyentes en lugar de avivarlos.

Qué importante, pues, es la manera en que damos a conocer la Palabra de Dios. De ninguna forma es fácil la preparación de un buen sermón. Les confieso que, después de 45 años que he estado predicando, la preparación de un sermón todavía me lleva un promedio de 14 horas de trabajo concentrado. Ah, sí, y aún lo sigo haciendo con mucho gozo por tres razones: primero, el más beneficiado y bendecido por medio del estudio soy yo. En segundo lugar, me gusta predicar de tal forma que capto la atención especialmente de los jóvenes (si ellos me entienden, sé que todos en la iglesia me habrán entendido). En tercer lugar, como San Pablo, «*No me avergüenzo del evangelio, porque es poder de Dios para salvación*». Me deleito en ver a creyentes transformados por medio de la Palabra de Dios.

Por último, me gusta buscar ilustraciones para dar a entender las verdades de Dios. Creo que estas, en gran parte, se parecen a los condimentos que mi esposa utiliza para hacer sabrosa su cocina, pero de esto hablaremos en otro capítulo. Lo que ahora me ha interesado es hacerle consciente de lo importante que son para su predicación, especialmente si no quiere ver a los jóvenes bostezar y a los ancianos roncar.

Esto me lleva a expresar que si las ilustraciones son tan importantes y logran fines tan excelentes ¿podríamos decir que mientras más las usemos, mejor será el sermón? Siga leyendo, pues de eso trata el capítulo que sigue.

Capítulo 2
El mal y el buen uso de las ilustraciones

¿Qué tiene que ver esa ilustración con el tema?

DOS
Uso y abuso de las ilustraciones

*Predica la Palabra; insiste a tiempo y fuera de
tiempo; redarguye, reprende, exhorta con mucha
paciencia e instrucción.*

2 Timoteo 4.2

Me interesó un sermón predicado por un buen amigo cuyo
nombre, por cariño, me reservo. Se basaba en Isaías 7.14, que dice:
*He aquí que la virgen concebirá y dará a luz un hijo, y llamará su
nombre Emanuel.*

Recuerdo que aquel domingo me acomodé en el asiento de
la iglesia para oír lo que esperaba fuese un gran sermón navideño.
Pero ¡me decepcionó! Como que aprendemos mucho de los ejemplos negativos. Hace poco, al recordar el sermón, me acerqué a la
iglesia para comprar el casete de ese sermón. Lo acabo de escuchar de nuevo. Con fidelidad, pues, puedo identificar las fallas
en el sermón.

El gran error de mi amigo fue crear un sermón alrededor
de unas buenas ilustraciones, en lugar de dejar que estas
surgieran del tema bíblico. Les cuento las ilustraciones para
mostrar la manera en que caemos, con facilidad, en la tentación

de permitir que ellas cambien el rumbo de una predicación. Así se darán cuenta de lo fácil que es dejar que las ilustraciones sean lo que forman la base de los pensamientos en vez del pasaje bíblico.

Comenzó contando acerca de lo inepto que somos, usando una ilustración personal: Fue al refrigerador a buscar la mayonesa. Sabía que solía estar allí, pero no la podía encontrar. Así que llamó a la esposa. Acercándose a la puerta abierta, ella apuntó el dedo y le dijo: «¡Ahí está, en tus propias narices! ¿Cómo es posible que no lo hayas visto»? De inmediato siguió a otra ilustración, esta vez relató en cuanto a lo sordo que a veces somos: la ocasión mencionada fue un juego de fútbol que veía en la televisión. La esposa se le acercó para pedirle un favor.«Honestamente —confesó— no oí ni una sola palabra de lo que ella me pidió, tan absorto estaba en el juego».

Aplicando las dos ilustraciones al sermón, dijo: «Así era Israel. Tan absortos estaban en sus problemas y quehaceres que no prestaron atención a lo que les dijo el profeta Isaías en cuanto a la venida del Mesías».

«Buen comienzo», pensé, «me alegro que vine».

Pero fue al terminar esa explicación, mi amigo comenzó a fallar. Habló acerca de la manera en que hoy día se nos bombardea con publicidad por televisión. Citó un verso pueril, publicidad cantada para niños, con el propósito de venderles «perros calientes» (un pan con salchicha, salsa de tomate, mayonesa y mostaza), que decía así:

Cuánto quisiera ser perro caliente;
Es lo que más quiero, verdaderamente;
Porque si fuera un perro caliente,
Todo el mundo me amaría siempre.

La congregación estalló en risas, y alentado por esa respuesta de la audiencia, mi amigo predicador continuó. Al parecer, lo contagioso de la cancioncita le inspiró otros pensamientos, y el sermón comenzó a buscar otro rumbo. Dejó de hablar del profeta Isaías, abandonó el texto que había escogido, e introdujo un tema totalmente nuevo: los regalos que tú y yo deseamos. Indicó que en lugar de desear aquello que nos hace mejores, escogemos lo que nos perjudica. Pasó un buen rato hablando de nuestras avaricias malsanas.

Esto lo siguió introduciéndonos, con otra ilustración, al gran músico Bethoven, cuando era ya viejo y muy sordo. En cuanto a este personaje, el predicador relató que un día se sentó ante el clavicordio y comenzó a tocar con todas sus fuerzas. Tan sordo estaba que no podía oír que el instrumento estaba todo desafinado y algunas cuerdas rotas. Inspirado con su ilustración, mi amigo comenzó a levantar la voz contándonos que, a pesar de su sordera, la música le salía del corazón a Bethoven y que en su «oído interno» le sonaba tan bien que las lágrimas brotaban de sus ojos. «Cuando hay música en el interior —dijo con gran fervor— no importa lo que se oye por fuera, estamos conmovidos y satisfechos, pues Dios ha puesto música en el alma de nuestras vidas».

Lo que decía sonaba convincente, pero no tenía nada que ver con el pobre Isaías, los perros calientes ni la Virgen con que había comenzado; ya no se acordaba de ellos. Ahora hablaba de la música que debiéramos tener en el interior de nuestras almas.

Luego habló de una señora que tenía una casa. El piso de la misma estaba cubierto totalmente por una linda alfombrada, pero estaba muy sucia; por tanto necesitaba una aspiradora eléctrica. La mujer fue a un almacén de Sears y se compró una. La llevó a su casa y la enchufó en el tomacorriente. Prendió la aspiradora, pero al poco rato se apagó. Volvió a prenderla, y se apagó de nuevo. Irritada pensando que la habían engañado, la señora llamó al almacén contando lo ocurrido con el aparato y exigió otro.

El gerente, oyendo cómo funcionaba la máquina de manera tan inexplicable, mandó un empleado a la casa de la mujer para que le mostrara el problema. La señora enchufó de nuevo el aparato, y comenzó nuevamente a trabajar, pero enseguida se paró. El empleado revisó la conexión eléctrica, y se echó a reír diciéndole. «Miré, señora. Usted enchufó la aspiradora a la conexión que enciende las luces de su arbolito de Navidad. Este enchufe tiene un dispositivo intermitente para que las luces del arbolito prendan y apaguen. Es por eso que su aspiradora funciona así».

Todos los presentes nos reímos, pues la ilustración era graciosa. Pero, ya pueden imaginarse el rumbo que tomó el sermón.

Mi amigo pastor se puso a hablar de la necesidad que tenemos de estar conectados directamente a Jesucristo, no dejando que las tentaciones intermitentes del mundo nos distraigan. La única relación que hizo con el pasaje de Isaías fue una breve referencia a que Jesucristo procedía de una Virgen, según la promesa del profeta.

Citó luego un proverbio chino: «El que no cambia de rumbo, llegará al destino del camino por el que va». Esta cita fue seguida por otra del conocido escritor Max Lucado, hablando de «un nombre nuevo escrito en la gloria». Ambas referencias le sirvieron para preguntar a sus oyentes —nosotros—, qué camino seguíamos, y si tendríamos nuestros nombres escritos en la gloria.

Terminó contándonos acerca de un hogar para niños con el síndrome de Down. Resulta que, acercándose la Navidad, el director, Bud Wood, les habló a los niños de la manera en que Jesús los amaba. Añadió que Él regresaría pronto, apareciendo en las nubes, para llevarlos al cielo. A los niños les encantó la historia, y todos corrieron a las ventanas del hogar, pegando sus manos y bocas contra el cristal, para intentar ver a Jesús descender en las nubes. Pocos minutos después llegaron visitantes y familiares. Comentaron de lo sucio que estaban los cristales de las ventanas. «Ah —explicó el director— es que los niños hace unos minutos las ensuciaron todas, queriendo ver si Jesús llegaba en las nubes para llevarlos al cielo».

Así llegó a la conclusión: «Queridos amigos, qué precioso es pensar que Jesús vino al mundo para hacer posible que nosotros, manchados y sucios por el pecado, podamos ir al cielo. Recuerden que si no están limpios por su sangre, esa entrada les será prohibida. Pero si sus pecados han sido limpiados, esa esperanza es de ustedes».

Creo que al revisar las ilustraciones de mi amigo en su sermón todos diríamos que son buenas —algunas magníficas. Pero como acabamos de ver, tener magníficas ilustraciones no hace un sermón. Tener muchas ilustraciones tampoco. El buen sermón tiene que apegarse a un texto o pasaje bíblico y quedarse ahí — no vagar por el mundo entero. Las ilustraciones escogidas tienen que ayudarnos a entender el pasaje de comienzo a fin, no sencillamente llenar los minutos que corresponden a un sermón dominical.

¿Cuál fue el gran error de mi colega? Dejar que las ilustraciones fueran las que guiaran el pensamiento. Nunca permitamos que la ilustración sea la base del sermón. Lo que Dios ha dicho en su Palabra es esa base. Lo que debe hacer una ilustración es abrir la mente para que entendamos el concepto tratado en la Biblia. Lo que necesita la humanidad es un mensaje claro de la palabra divina, no una serie de ilustraciones entretenidas que nos llevan a nada.

Tenemos que presentar esa palabra de tal forma que el que nos escucha sea conmovido por ella. Queremos ver cumplir en nuestra predicación un espectáculo milagroso, pues sabemos que esa Palabra de Dios es *viva y eficaz, y más penetrante que toda espada de dos filos. Penetra hasta partir el alma y el espíritu, las coyunturas y los tuétanos, y discierne los pensamientos y las intenciones del corazón.*[1]

Ilustraciones bien escogidas

Una ilustración puede ser breve o extensa. Lo importante es que, cuando estamos predicando, las que usemos no salgan del

1 Hebreos 4.12.

marco de la enseñanza bíblica que proponemos, más bien que nos ayuden a aclarar esa enseñanza en particular.

¿Hay vida después de la muerte?

Pensemos en el interrogante planteado por el patriarca Job: *Si el hombre muere, ¿volverá a vivir?* (Job 14.14). Por siglos los hombres hemos vivido y muerto, pero ¿habrá manera de escapar de la muerte para vivir otra vez eternamente?

Hay un relato acerca de un ateo que al rechazar la idea de Dios, igualmente rechazaba el concepto de que existe vida después de la muerte. Dios le abrió los ojos de una manera sorprendente:

Un domingo de una mañana invernal, fue despertado por el son de las campanas de una iglesia. Furioso se levantó, fue a la ventana y la abrió. Allí, desafiando el crudo viento y la nieve que caía, vio a un grupo de fieles que se abrían paso hacia la iglesia.

¡Tontos! —decía—. ¡Pasan la vida en busca de un Dios que no existe! Cerró la ventana y se volvió a acostar. Ya no podía dormir, y allí en la cama se quedó maldiciendo a esos cristianos tontos.

De pronto oyó el choque de algo sobre una ventana de su casa, como si le hubieran tirado una bola de nieve. Entonces, otro golpe, seguido por uno más. ¿Qué podría ser? Se levantó de nuevo. Mirando por la ventana, notó que eran los pájaros, buscando refugio de la cruel tempestad invernal. En su desesperada búsqueda no veían el cristal de las ventanas y se lanzaban contra ellas, matándose.

Bajó del segundo piso de su casa a la sala, y abrió una ventana. «¡Tengo que salvarlas!», pensó y comenzó a gritar:

— ¡Vengan, vengan por acá! Esta ventana está abierta, ¡sálvense! —pero las aves no le entendían y seguían matándose.

En su desespero tomo una escoba y salió al patio. Batía la escoba en el aire tratando de meterlas por la ventana y la puerta que había dejado abierta, pero no le hacían caso. «¡No me entienden!, ¡no me entienden! ¿Cómo puedo hacerlas entender? ¡Para salvarlas tendría que volverme un pájaro; no entienden mi idioma!»

En ese momento sonaron las campanas de la iglesia otra vez. De repente su mente captó el misterio de Cristo. Siendo Dios, se hizo hombre, para ofrecerle vida al hombre cuyo destino era la muerte. Corrió a su habitación, se cambió y apurado fue a la iglesia, donde entregó su corazón a Cristo.

Satanás, siervo de Dios

Max Lucado, el conocido autor y pastor de la Iglesia Oak Hills Church of Christ en San Antonio, Texas, predicó un sermón titulado: Satanás, siervo de Dios.[2] Para mostrar cómo ilustra sus puntos, hacemos una condensación de su tema. Fíjese, por favor, en la manera en que cada ilustración amplía el sentido del tema, todas en conjunto enfatizan el principio que Lucado desea enseñar, que Satanás en verdad es un siervo más de Dios. Nótese también, que la mayoría de las ilustraciones las extrae de la Biblia —¡qué gran fuente de ilustraciones! De inmediato capta la atención con una ilustración que todos comprendemos:

La frustración del diablo

Imagínese pensar que uno es un jugador estrella en un equipo de fútbol. Corre con toda su fuerza con la bola y patea un fantástico gol, pero en vez de oír aplausos y voces de triunfo, oye silbidos y gritos de burla. La razón es que corrió hacia el arco equivocado y, en vez de anotar para su equipo, anotó para los contrarios.

Eso es lo que siente Satanás continuamente. Cada vez que cree que ha metido un gol para su equipo, en realidad lo

---

2 Michael Duduit, ed., *Preaching*, Jackson, TN, marzo-abril, 1998, p. 24. Resumen usado con permiso de los editores.

anota para Dios. ¿Puede imaginarse lo frustrado que se ha de sentir?

Pensemos en la esposa de Abraham, Sara. Dios le promete un hijo, pero pasan los años y no hay descendiente. Satanás apunta a esa cuna vacía para crear tensión, disensión y dudas. Sara sirve de ejemplo perfecto de que no se puede confiar en las promesas de Dios. Pero, inesperadamente llega Isaac para llenar esa cuna, y Sara a los 90 años de edad se convierte en el modelo idóneo de toda la historia para comprobar que Dios siempre cumple sus promesas.

¿Recuerdan a Moisés? Satanás y todos sus demonios se mueren de risa el día en que el joven Moisés monta su caballo y sale huyendo de la presencia de Faraón. Pensaron que en esa circunstancia no había manera en que pudiera librar a su pueblo de la esclavitud. Cuarenta años más tarde aparece un viejo de ochenta con su bastón en Egipto, hace milagros increíbles y libera poderosamente a todo el pueblo de Dios. Sobre cada labio en Egipto está el nombre del viejo: ¡Moisés! ¡Moisés! De nuevo, Satanás es humillado.

¿Qué diremos de Daniel? La vista de toda esa juventud israelita llevada en cautiverio alegra al corazón de las huestes satánicas. ¡Ahora verán lo que es ser esclavo! Pero en lugar de esclavitud, Dios los eleva y llegan a ser príncipes de Babilonia. El mismo joven que Satanás quiso callar llega a ser el hombre que sabe orar y recibir de Dios la interpretación de sueños, y es elevado por encima de los sabios del reino para servir de consejero a los reyes de Babilonia. ¿Qué risa debe quedar en los labios de ese mundo demoníaco?

También podemos pensar en Pablo. Ponerle en la cárcel romana pareciera un triunfo para Satanás. Ahora, de ninguna manera podrá seguir abriendo iglesias y predicando a los gentiles. Pero la cárcel se convierte en un escritorio. De la pluma de Pablo salen las hermosas epístolas para las iglesias de Galacia, Éfeso, Filipos y Colosas, cartas que hasta el día de hoy traen inspiración e instrucción al pueblo de

Dios. ¿Pueden ver a Satanás pateando y crujiendo sus dientes cada vez que un cristiano lee una de esas cartas, diciéndose: «¡Y pensar que fui yo el que hizo posible que se escribieran, poniendo a Pablo en la cárcel».

Y de Pedro también podemos hablar. Satanás procura desacreditar a Jesús provocando a Pedro para que lo negara. Pero, otra vez el plan se le invierte. En vez de Pedro servir como ejemplo de desgracia y fracaso, se convierte en modelo de la gracia de Dios para levantar a los caídos.

Cierto es que cada vez que Satanás cree haber hecho un gol, resulta que ha goleado para Dios. Como en la serie televisiva, Satanás es el coronel Klink de la Biblia. ¿Se acuerdan de Klink? Siempre salía como el estúpido en la serie Los héroes de Hogan. Klink se creía muy inteligente en su trato con los prisioneros de guerra, pero en realidad eran estos los que le hacían las jugadas a él.

Una vez tras otra la Biblia aclara quién es el que en verdad gobierna la tierra. Satanás hará sus maniobras y sus amagos, pero el que maneja todo es Dios.

Hemos oído del diablo, y lo que se ha dicho de él nos llena de miedo. En dos ocasiones la Biblia abre la cortina para dejarnos ver a ese ángel Lucifer, el que no se satisfacía con estar al lado de Dios. Quería ser más grande que Él. No se conformaba con adorar a Dios, quería ocupar el mismo trono de la Santa Trinidad.

Nos cuenta Ezequiel tanto de la belleza como de la iniquidad de Lucifer: *Tú eras el sello de la perfección, lleno de sabiduría, y acabado de hermosura. En Edén, en el huerto de Dios estuviste; de toda piedra preciosa era tu vestidura; de cornerina, topacio, jaspe, crisólito, berilo y ónice; de zafiro, carbunclo, esmeralda y oro; los primores de tus tamboriles y flautas estuvieron preparados para ti en el día de tu creación. Tú, querubín grande, protector, yo te puse en el santo monte de Dios, allí estuviste; en medio de las piedras de fuego te paseabas. Perfecto eras en todos tus caminos desde el día que fuiste creado, hasta que se halló en ti maldad* (Ez 28.12-15).

Los ángeles, al igual que los humanos, fueron hechos para servir y adorar a Dios. A ambos Dios les dio soberanía limitada. De no ser así, ¿Cómo hubieran podido adorarle? Tanto Ezequiel como Isaías describen a un ángel más poderoso que cualquier humano, más hermoso que toda otra criatura, y a la vez más tonto que todos los seres a quienes Dios le dio vida. Su orgullo fue lo que lo destruyó.

La mayoría de los eruditos de la Biblia señalan a Isaías14.13-15 como la descripción de la caída de Lucifer: *Tú que decías en tu corazón: Subiré al cielo; en lo alto, junto a las estrellas de Dios, levantaré mi trono, y en el monte del testimonio me sentaré, a los lados del norte; sobre las alturas de las nubes subiré, y seré semejante al Altísimo.*

En esas expresiones, «subiré al cielo» y «levantaré mi trono», se capta la increíble arrogancia de este pretencioso ángel. Por querer exaltarse hasta el trono divino cayó en las profundidades de la maldad. En lugar de llegar a ser como Dios, llegó a ser la misma antítesis de todo lo grandioso y bueno, lo opuesto a todo lo que es hermoso y sublime. Él ha pasado su existencia tratando, generación tras generación, de tentar al hombre para que haga lo mismo que él. En cada oído susurra: «Oye mi consejo» y «Seréis como Dios» (Gn 3.5).

Satanás no ha cambiado. Es el mismo egocéntrico. Es tan necio como lo fue al principio, y sigue siendo tan limitado como al principio. Aun cuando su corazón no había concebido esa rebeldía contra su creador, era limitado e inferior.

Todos los ángeles son inferiores a Dios. Dios todo lo conoce, los ángeles solo conocen lo que les es revelado. Dios está en todas partes, ellos solo pueden estar en un lugar a la vez. Dios tiene todo poder, los ángeles solo tienen el poder que Dios les permite tener. Todos los ángeles, incluyendo a Satanás, son inferiores a Dios. Y una cosa más, algo que posiblemente les sorprenda: Satanás sigue siendo siervo de Dios.

El diablo es el diablo de Dios

No es que lo quiere ser, ni tiene la intención de serlo, pero no puede evitarlo. Cada vez que procura avanzar su causa, Satanás termina adelantando la de Dios.

En su libro, *La serpiente del paraíso,* el autor Erwin Lutzer dice:

> El diablo es tan siervo de Dios ahora en su rebelión como lo fue antes de su caída. No podemos olvidarnos del dicho de Lutero: «El diablo es el diablo de Dios». Satanás tiene distintos roles, dependiendo de los propósitos y el consejo de Dios. Y está obligado a servir a la causa de Dios en este mundo y a seguir los mandatos del Todopoderoso. Hemos de recordar que el diablo todavía tiene poder, pero nos complace saber que solo lo puede ejercer bajo las directrices divinas. Satanás no puede ejercer su voluntad sobre este mundo a su propia discreción y deseo.

Es por eso que cuando comienza a tentar, a obrar y a atormentar a los siervos de Jesucristo, todo le sale a la inversa. Aflige a Pablo con una espina, pero en lugar de derrotarlo, le sirve para que aprenda de gran manera lo que realmente es la gracia de Dios, y así es perfeccionado en sus debilidades (2 Co 12).

En 1 Corintios leemos del creyente que, seducido por Satanás, cayó en terrible inmoralidad. Pareciera que esto fue una victoria para el diablo. Pero sorpresivamente Pablo le dice a la iglesia: *El tal sea entregado a Satanás para destrucción de la carne, a fin de que el espíritu sea salvo en el día del Señor Jesús* (1 Co 5.5). Esa sacudida que le da Satanás no es para destruirlo sino para su salvación. Algo parecido se nos cuenta de un tal Himeneo y Alejandro, *a quienes entregué a Satanás,* dice el texto, *para que aprendan a no blasfemar* (1 Tim 1.20). En lugar de destruir a estos hombres, Satanás termina rescatándolos para Dios. En verdad que tiene que sentirse frustrado. Nunca sale ganando.

Recordemos la ocasión en que Jesús le dice a Pedro: *Simón, Simón, he aquí Satanás os ha pedido para zarandearos como a trigo; pero yo he rogado por ti, que tu fe no falte; y tú, una vez vuelto, confirma a tus hermanos* (Lc 22.31-32). De nuevo vemos la lección. Satanás puede venir para zarandearnos, pero uno mucho más fuerte que él ha orado por nosotros, y esa oración de Jesucristo es tan poderosa que no solo nos rescata de la garras del diablo, sino que nos saca de tal forma que resultamos fortalecidos para servir de ayuda y ánimo al pueblo de Dios. Satanás siempre sale perdiendo, no importan sus intentos.

No importa los límites a que llegue Satanás cuando quiere tentarnos y hacernos caer, la promesa de Dios es cierta: *No os ha sobrevenido ninguna tentación que no sea humana; pero fiel es Dios, que no os dejará ser tentados más de lo que podéis resistir, sino que dará también juntamente con la tentación la salida, para que podáis soportar* (1 Co 10.13).

Luego que pasemos por las pruebas más difíciles y angustiosas, podremos mirar atrás y, con el gran vencedor José, decirle al diablo y a toda esa hueste de demonios: *Vosotros pensasteis mal contra mí, mas Dios lo encaminó a bien, para hacer lo que vemos hoy, para mantener en vida a mucho pueblo* (Gn 50.20).

Conclusión

Hemos visto que las magníficas ilustraciones no hacen que el sermón sea bueno. Tampoco tener muchas. El buen sermón es aquel que tiene lúcidas ilustraciones que ayudan a interpretar y a aclarar un texto o pasaje bíblico. Si las ilustraciones escogidas no nos ayudan a entender el contenido bíblico, hemos fallado en nuestro intento de predicar.

El gran error de muchos predicadores es permitir que las ilustraciones guíen el pensamiento, en lugar de aclarar la exégesis. Como ya hemos dicho, esto es un ¡anatema! Nunca permitamos que las ilustraciones sirvan de base a lo que predicamos. Esa no es su función. Lo que Dios ha dicho en su Palabra es la base sólida sobre la cual fundamos nuestro pensamiento. Una ilustración sirve para abrir la mente a un concepto tratado en la Biblia.

Volvemos a repetir: Lo que necesita la humanidad es un mensaje claro de la palabra divina, no una serie de ilustraciones entretenidas que nos llevan a nada.

¿Cómo aprendemos a ilustrar ese tipo de mensajes que nutren a la iglesia? Voltee la página y lea el tercer capítulo.

Capítulo 3

Misión Imposible

Manzana de oro con adornos de plata es la
palabra dicha oportunamente

TRES
Misión posible

*Manzana de oro con adornos de plata es la
palabra dicha oportunamente.*

Proverbios 25.11

¿Qué ocurre si no encontramos una ilustración adecuada?
Han pasado unos cuantos años desde que sucedió, pero lo que
más recuerdo del suceso fue la desesperada búsqueda que
emprendí tras una buena ilustración para comenzar una charla...
y solo tenía segundos para encontrarla. Estábamos mi esposa y
yo en Paraguay para una graduación de FLET. Luego del hermoso
acto, el Dr. Rodolfo Plett, director de nuestro programa en ese
país, hizo arreglos para llevar a todos los graduados a cenar en
uno de los mejores restaurantes de Asunción. El salón estaba
lleno de personas, y una vez que llenamos las mesas que habíamos
reservado (para unas 35 a 40 personas adicionales) no cabía ni
siquiera un alfiler.

Estábamos comiendo y disfrutando el momento, cuando el
dueño del restaurante se levantó, micrófono en mano y, parándose
en el centro del lugar, comenzó a decir: «Mi buen amigo, el Dr.

Plett, me informa que tenemos en el restaurante esta noche a un educador internacional que visita nuestra patria. Además de educador, es un predicador reconocido. ¿Qué les parece si invitamos al Rev. Les Thompson a darnos un breve mensaje?» y comenzaron los aplausos.

Todo eso me sorprendió. No me había avisado el Dr. Plett, y con un restaurante lleno de gente inconversa, ¿qué iba a decir? Me levanté y comencé a caminar hacia el lugar donde estaba parado el dueño con el micrófono, orando desesperadamente, y buscando algo que pudiera decir que captara la atención y el interés de esa audiencia en su mayoría irreligiosa. Se me ocurrió hablar sobre el tema del amor. Ahora necesitaba una ilustración con que captar la atención de todos.

«¡Qué ambiente más hermoso!», comencé diciendo mientras revisaba mi mente con rapidez y rechazaba una ilustración tras otra. Así que dije lo siguiente: «Con poca luz y la música suave que ha estado tocando, me veo obligado a hablarles del amor». De los clientes se oía un «Ah, sí... qué lindo!» (y en ese momento me llegó la ilustración):

«Nunca olvidaré mi primer amor. Ambos teníamos quince años de edad. Ella era la más linda, hermosa y magnífica chica que mis ojos habían visto. En cuanto la vi, me enamoré, y ella me correspondió. Todas las tardes, después de la última clase, nos reuníamos en un pequeño parque cerca de la escuela. Y me creía en el cielo. Pasaron varias semanas, yo vivía anhelando esa hora en la tarde cuando podía estar con mi Betty. Un día, en que habían cancelado las clases, no podía esperar hasta la hora de mi encuentro con Betty. Ya que el lugar donde nos encontrábamos había llegado a ser casi sagrado para mí, determiné llegar temprano allí para pasar un rato pensando en esa mujer que robó mi corazón. Al acercarme oí unas voces. ¿De quién era esa voz varonil?, porque la que parecía ser de la mujer me era muy conocida. Qué gran sorpresa fue encontrar a mi Betty en los brazos de otro hombre. (Todo el mundo se rió al imaginarse el momento.)

«Hay varios tipos de amor», continué diciendo. «Hay amor falso y engañoso. Seguramente todos aquí hemos descubierto ese amor traicionero. No obstante, hay un amor que es puro, fiel y verdadero. Soy uno de esos dichosos que encontró ese amor. Carolina, querida, por favor ponte de pie. Damas y caballeros, allí tienen ustedes un amor real, leal y verdadero».

«Pudiera entretenerles un buen rato hablándoles de mi querida esposa», continué diciendo, «y así lo haría, a no ser que descubriera un amor aun más profundo y hermoso. Sería muy injusto si no les contase de ese amor. El amor de que les hablo es el de un personaje real, que conocí, y que año tras año me ha mostrado por sus hechos, su vida y su ejemplo, lo que en verdad es amar. Ese amor se describe en el siguiente verso: Porque de tal manera amó Dios al mundo que dio a su Hijo unigénito, para que todo aquel que en el cree no se pierda, mas tenga vida eterna» (y por unos 10 minutos les hablé de Jesucristo).

Tratamos en este capítulo lo que llamaremos «Misión posible», es decir, encontrar ilustraciones eficientes y apropiadas y que capten la atención de una audiencia de inmediato.

Recuerdo los días de mi pastorado. Tenía que predicar por lo menos tres sermones cada semana, además de servicios fúnebres, en bodas e invitaciones especiales. Si quería captar la atención de los asistentes, tenía que hacer buena planificación. Los domingos en la mañana predicaba sermones temáticos, ya que no era una audiencia fija, pues venía bastante gente que no eran miembros. Los domingos en la noche, ya con una asistencia bastante fija, daba mensajes expositivos. Miércoles, mensajes doctrinales. Como soy un gran creyente en el poder de las ilustraciones, por tanto, para cada predicación tenía que encontrar maneras efectivas de ilustrar lo que predicaba. En cada predicación usaba por lo menos cinco ilustraciones. Estas tenían que ser contemporáneas, dinámicas, del tipo que comprende la gente de hoy. ¿Por qué? Fíjese lo que nos informa la UNESCO: «El estudiante latinoamericano promedio, durante sus años de escolar pasa ante las pantallas de cine o televisión, quince mil quinientas horas, muchas más de las que pasa en las aulas de clase. El joven estadounidense promedio se devora al año dieciocho mil páginas de historietas. La venta y especialmente el alquiler de videocasetes alcanza proporciones todavía imposibles de cuantificar a nivel mundial. La venta anual de discos sobrepasa la astronómica cifra de los quinientos mil millones anuales en el mundo; número este sobrepasado por la venta de audiocasetes.[1]

Hoy día no hablamos a un mundo pasivo, tranquilo, que tiene poco conocimiento. A causa de la televisión, de la movida música moderna, las revistas seculares bien ilustradas, y el hecho de que tantos estudian, nuestro público hoy exige un lenguaje pictórico, vívido, contemporáneo. El pastor moderno tiene que darse cuenta que está en competencia con todo el entretenimiento que ofrece el mundo. Lo que dice tiene que interesar, o la gente no vendrá para escucharlo.

Entonces, ¿dónde encontrar las ilustraciones que necesitamos? Osvaldo Mottesi, en su texto, *Predicación y Misión*, indica: «Las ilustraciones pueden surgir de una sola palabra, una frase breve, una oración gramatical completa, o uno o varios párrafos. La extensión no es lo más importante, aunque la brevedad y precisión son virtudes de toda buena ilustración».[2]

Dice el muy elocuente pastor bautista, Adrian Rogers (que pastorea una de las más grandes iglesias en los Estados Unidos, Belleviu Baptist Church, en Memphis, Tennessee): «La persona con vida, que respira y piensa se ahoga en ilustraciones, si solo abre sus ojos. Creo, sin embargo, que el secreto de tener buenas ilustraciones es saber de antemano sobre qué va a predicar. Es

---

1. Estadísticas presentadas en la mesa redonda «Nuestras interrelaciones educativas», en el *Seminario de Medio de Comunicación Social* auspiciado por la UNESCO en Ciudad México, del 4 al 9 de diciembre de 1986.
2. Osvaldo Mottesi, *Predicación y Misión*, LOGOI, Inc., Miami, 1989, p. 249.

así que siempre está escuchando, mirando, buscando ilustraciones para ese tema. Cuando creo que hay algo que se aplica al mensaje que voy a dar, saco mi pluma y ahí mismo lo anoto. Si es algo que leo en un periódico o en una revista, arranco la hoja. Si quiere tener buenas ilustraciones lea, piense y escuche mucho; creo que las buenas ilustraciones brotan del que está alerta, del que está interesado en la vida».[3]

Craig A. Loscalzo, profesor de Predicación Bíblica en Southern Baptist Theological Seminary, Louisville, comenta: «En el pasado, los grandes predicadores usaban ilustraciones extraídas de las grandes obras literarias. Hoy día, desafortunadamente, nuestras congregaciones no conocen la literatura... las personas están mucho más familiarizadas con el cine. Ilustraciones sacadas de ese medio o de la televisión dan al predicador la oportunidad para crear magníficos puntos de comunicación con una audiencia».[4]

Me asombra el Dr. Salvador Dellutri, pastor en Buenos Aires, por la manera tan fácil en que extrae excelentes ilustraciones del cine moderno. He observado, cuando las presenta, que la audiencia lo sigue sin perder la atención. A la gente le gusta que relacionemos las verdades de Dios con las cosas que conocen y viven.

Tipos de ilustraciones

Una de las mejores listas de ilustraciones que un predicador puede utilizar la he encontrado en el texto de Mottesi.[5] Estúdiela con cuidado, ya que le ayudará a comprender la gran variedad de maneras en que se puede ilustrar una verdad:

a. El símil es una expresión de carácter pictórico. Consiste

---

3. Adrian Rogers, «Preaching and Church Growth», *Preaching,* May/June 2000, pp. 10-12.
4. Craig A. Loscalzo, *Preaching Sermons that Connect,* InterVarsity Press, Downers Grove, Il, 1992, p. 115.
5. *Op. cit.,* pp. 250-256.

en la comparación directa que se hace entre dos ideas o realidades, por la relación de semejanza, similitud, que hay entre ellas en uno o varios de sus aspectos. Encontramos muchos ejemplos en el Antiguo y Nuevo Testamentos. Jesucristo utilizó constantemente el símil. Un buen ejemplo es: «¡Cuántas veces quise juntar a tus hijos, como la gallina junta sus polluelos debajo de las alas, y no quisiste!» (Mt 23.37).

b. La metáfora, que es la figura literaria por excelencia en la lengua española, consiste en palabras o expresiones que dicen que una realidad es como otra parecida. Es decir, se traslada el sentido de una persona o cosa a otra en virtud de la relación de semejanza que hay entre ellas. Como en el caso de los símiles, las metáforas son numerosas en la Biblia, y constituyen uno de los recursos retórico-literarios más utilizados para ilustrar en la enseñanza y predicación de Jesucristo. Para muestra, solo un par de ejemplos: «Yo soy el buen pastor, el buen pastor su vida da por las ovejas» (Jn 10.11); «Vosotros sois la luz del mundo» (Mt 5.14a). Es impresionante e iluminador el hecho de que en el sermón del monte podemos encontrar cincuenta y seis metáforas.

c. La analogía funciona, en la ilustración, basada en el principio de que las realidades o situaciones que se asemejan en ciertos aspectos, lo harán también en otros. Esto no debe confundirse con la comparación. En la analogía solo hay similitud entre dos o más atributos, circunstancias o efectos. El parecido es en forma proporcional. Por ejemplo, los filósofos antiguos, preocupados por el sentido total de la vida humana, al observar que la mariposa, viva y bella, emergía de una crisálida aparentemente muerta y poco atractiva, decidieron por analogía que el alma viviente del ser humano emergería en forma similar de su cuerpo muerto. Es decir, su observación de ciertas leyes naturales los llevó, a través del paralelismo analógico, a formular argumentos antropológicos. Por ejemplo, según Jesucristo, el acto de evangelizar es análogo al de pescar, y para Pablo, el evangelio es análogo a la dinamita. Con James Crane concordamos en que uno de los mejores, sino el mejor ejemplo del uso de la analogía en Jesucristo, es: «Y como Moisés levantó la serpiente en el desierto, así es necesario que el Hijo del Hombre sea levantado, para que todo aquel que en él cree, no se pierda, mas tenga vida eterna» (Jn 3.14-15).

d. La parábola es, etimológicamente, la combinación de dos vocablos griegos: *para*, la preposición que significa «al lado de, junto a»; y *ballein*, el verbo «echar o arrojar». Juntos significan aquello que se coloca al lado de otra cosa, para demostrar la semejanza entre las dos. En resumen, parábola significa «semejanza». La parábola es semejante al símil, pero sus detalles se han ampliado como narración. En cierto sentido, la parábola es la extensión del símil. Es una historia concreta y fácilmente comprensible de lo cotidiano —real o imaginario— a fin de ilustrar una verdad que, quien la usa, quiere hacer clara y central en sus oyentes. La parábola se compone normalmente de tres partes: la ocasión, la narración y la aplicación o lección espiritual. La parábola enseña siempre una sola verdad central, exactamente como todo otro tipo de buena ilustración en el sermón.

Cuando la verdad del sermón se ilustra objetivamente a través de una historia que parece inocente, y se ejemplifica en la vida de alguien, su moraleja puede obrar positivamente en los oyentes. La parábola bien construida no necesita explicar ni moralizar, puesto que estas funciones deben estar implícitas en la misma. Jesucristo no solo utilizó parábolas inspiradas en la naturaleza y en la vida social, política y doméstica, sino que también perfeccionó este género retórico-literario. Sus parábolas son ejemplos notables de ilustración, por su fuerza, equilibrio estructural y economía del lenguaje. La preparación de parábolas como material de ilustración para nuestros sermones, es una tarea difícil, pero su uso, en los casos no muy numerosos en que se hace posible, vigoriza el carácter pictórico y docente de la predicación.

e. El suceso histórico es la imagen forjada en palabras sobre características de algún personaje o situación de la historia, preferiblemente de nuestros pueblos, que ofrezca ejemplos sobre aspectos de nuestros temas, aun en relación con manifestaciones de la providencia de Dios a través del devenir humano. Esto último obliga a la prudencia y cautela extremas en el uso de este tipo de ilustraciones. Además, somos llamados a buscar tales recursos en nuestra propia historia, pletórica de material ilustrativo. Los libros de ilustraciones, por ser hasta el presente en su mayoría traducciones del inglés, aunque proveen gran número de referencias a hechos históricos, son muchas veces desconocidos y completamente ajenos a los intereses de nuestras congregaciones. Lo mismo se aplica a las anécdotas ilustrativas, que a continuación comentaremos.

f. La anécdota es el relato breve de un hecho curioso, poco conocido y ejemplificador, ya sea sobre personajes y situaciones reales o imaginarias. Su valor yace no tanto en su interés histórico o biográfico como en sus características narrativas, basadas más en lo inusual que en lo moral. Es lo fuera de lo común lo que, por vía de ejemplo, ofrece la lección espiritual. Este recurso, muy usado en nuestros púlpitos, requiere selección y formulación cuidadosas. Uno de los peligros de la anécdota es su degeneración en fábula. Esta, en su significado negativo, es la narración falsa, engañosa, de pura invención, que carece de todo fundamento. Es la ficción artificiosa con que se encubre o disimula una verdad. Aparece en casi toda la literatura de género mitológico. El uso más positivo de la fábula es como composición literaria, generalmente en verso, en que por medio de una ficción alegórica y la representación de personas y de personificaciones de seres irracionales, inanimados o abstractos, se da una enseñanza útil o moral. Entre las colecciones más conocidas por nuestra gente están las fábulas de Esopo, Samaniego y Hans Christian Andersen. El púlpito, opinamos, no es lugar para la fábula. Las anécdotas, ya sean reales o imaginarias, pero válidas por su relación directa y ejemplificadora con las verdades del evangelio y las necesidades humanas, tienen un lugar valioso en la predicación.

g. La poesía es un género literario muy utilizado, con propósito ilustrativo, en la predicación. La buena poesía no solo contiene los pensamientos más sublimes que puede concebir la mente sino que además penetra y expresa las complejas profundidades de la naturaleza humana. Tanto los clásicos de todos los tiempos, como la poesía contemporánea, en sus expresiones cristianas, como en el amplio mundo de lo llamado secular, ofrecen en nuestra lengua cervantina una fuente inagotable de material ilustrativo. Aunque en general a nuestras congregaciones les agrada el uso de la poesía desde el púlpito, debemos ser muy cuidadosos. Una cosa es la poesía como medio de ilustración; otra es su uso como flor, adorno, para hacer más bonito el sermón. Por ello, a veces será sabio usar solo una estrofa o líneas del poema que ilustren el aspecto del tema en cuestión. Con lo dicho no desestimamos la belleza que el género poético agrega a la predicación; solo apuntamos que la ética antes que la estética debe dominar nuestro mensaje.

h. El episodio o incidente biográfico es uno de los tipos de ilustración sermonaria de mayor uso y valor. Y esto con razón, pues, como bien apunta James D. Robertson: «No hay aspecto de la vida que no tenga paralelo en alguna biografía. Es aquí donde podemos encontrar un ejemplo concreto para cada verdad bíblica que tiene que ver con el ser humano».[6] Un tipo especial, dentro de este género, es la autobiografía o experiencia personal de quien predica. El caso del apóstol Pablo, que reiteradamente usa sus propias experiencias para ilustrar la verdad, defender su ministerio y ensalzar la gloria de Dios, es constantemente emulado en nuestros púlpitos. Los testimonios personales son elementos comunes a nuestra predicación. El peligro está cuando, quien testifica, se transforma, inconsciente o conscientemente, en el personaje o héroe de la historia. Ahí es cuando la experiencia personal, que pretendía ilustrar una verdad, pierde su valor dentro del sermón, pues desvía la atención de la congregación del Personaje único, en última instancia, de todo sermón, Jesucristo, y la centra en quien predica. Las experiencias personales, como ilustraciones de nuestros sermones, deben ser pocas,

---

6. James D. Robertson, *op.cit.*, p. 30.

breves, sencillas y claramente dirigidas a destacar explícitamente la gloria de Dios.

i. Los medios visuales constituyen un recurso ilustrativo que es muy poco explotado en la predicación. Si prestamos seria atención a lo ya dicho al comenzar estos comentarios sobre la ilustración, esto es, que el ochenta y cinco por ciento del conocimiento que captamos es a través de lo que vemos, entonces comprenderemos el tremendo valor de usar todo tipo de objetos visibles como ilustraciones de lo que predicamos. Las posibilidades son múltiples, y es ahí donde nuestra creatividad al respecto será probada. Desde una simple moneda, hasta la proyección luminosa de una o varias imágenes mientras predicamos, pasando por todo aquello que pueda ser útil para ilustrar las enseñanzas del sermón, debemos aprovecharlo todo como material visual ilustrativo.

Debemos ser simples sin ser simplistas

Se cuenta de un viejo y sabio pastor que invitó a un joven recién graduado del seminario a predicar un domingo en su iglesia. Queriendo impresionar al anciano, el joven uso el vocabulario más rebuscado posible. Luego del mensaje, el anciano le dijo:

—Lo felicito por sus lúcidas palabras esta mañana. En mi oficina tengo un libro que las tiene todas.

—Imposible —le dijo el joven—. ¡Fue un mensaje original!

—Es más que cierto —respondió el anciano con toda seriedad— le enviaré una copia por correo.

A los dos o tres días el joven predicador recibió el paquete. Era un nuevo Diccionario de la Real Academia.

Cuento la historia por la tendencia que tenemos a pensar

que un buen sermón tiene que ser una obra de gran erudición. Al contrario, tiene que ser una obra de gran claridad. El sermón bueno es uno que es práctico y entendible. Las cosas deben ser explicadas de tal forma que los simples lo entiendan, pero que el contenido satisfaga intelectualmente a los más entendido de la congregación. Esto se logra cuando lo dicho tiene relación directa y vital con las necesidades de la audiencia.

En su texto, *Predicación y Misión*, Osvaldo Mottesi cita a Lester Mathewson en una muy importante afirmación. Es relevante porque nos hace ver la función de la ilustración. Ella no es una interrupción que se hace a mitad de una charla para contar un relato, chiste o historia que le gustó al predicador. No, la ilustración no es una interrupción, es una aclaración. Juega un papel muy importante en el sermón. Aclara, amplia, explica algo de importancia que ha dicho el predicador. Mathewson[7] describe las seis características de una ilustración:

1) Ejemplifica algún principio.
2) Ayuda a ver ese principio en acción.
3) Ayuda a realizar la aplicación del principio.
4) Contribuye a demostrar la necesidad y la ventaja de ese principio.
5) Muestra la frecuencia del principio.
6) Demuestra que puede haber resultados peligrosos si no se pone en práctica el principio que ella ilustra.

Como dice Mottessi:[8]

La clave está en la cuidadosa selección y elaboración de buenas ilustraciones. Escojamos y preparemos, entonces, ilustraciones comprensibles, apropiadas, interesantes, gráficas,

---

7. Citado en F.D. Whitesell y L.M. Perry, *op.cit.*, pp. 72-73.
8. *Op. cit.,* p. 256.

breves y dignas de crédito. Huyamos de las ilustraciones trilladas, ya conocidas de todos. Jamás preparemos un sermón en torno a una ilustración. Las ilustraciones que necesitamos explicar, no sirven. Eliminemos toda inexactitud e imprecisión en nuestras ilustraciones. Seamos cuidadosos en el número de ilustraciones en cada sermón; posiblemente no más de una por cada división.

Conclusión

¿Dónde podemos encontrar las ilustraciones? Se oye a veces la expresión: El gran predicador es uno que lee mucho. Cierto, pues en los libros que leemos, en las experiencias vividas diariamente, en las revistas a nuestro alcance, en los programas de televisión que vemos, si los analizamos y estudiamos, encontraremos una gran variedad de ilustraciones. Dice Gayle Stone:

«Alguna gente pasa su vida entera sin darse cuenta del 90 por ciento de las cosas que ocurren a su alrededor». La realidad es que cada uno de nosotros tenemos capacidad para prestar atención. Algunos se fijan más que otros, quizás porque sus padres les enseñaron a observar todo. Tales personas tendrán la mente llena de recuerdos. Si alguien puede acercarse a usted y enseñarle cómo abrir la puerta a su memoria, es posible que tenga un rico caudal de información que ni sabía que tenía. Si usted se fija en todo, debe tener su cabeza llena de incidentes y sucesos interesantes. Pero, si acaso nunca se ha fijado mucho en lo que sucede a su alrededor, comience ahora. No hay límite en lo que puede aprender. Mientras tenga vida y respire, puede aprender a observar. Además, se sorprenderá, una vez que se ponga a pensar y a recordar, cuánto hay escondido en su subconsciente.[9]

9. Linda Seger, 1990, *Creating Unforgettable Characters,* Fitzhenry & Whiteside, Ltd, Marham, Ontario, p. 16.

La verdad es que todo lo que se ve, se oye, y se vive sirve para ilustrar conceptos. Nuestra misión posible es aprender a cómo reconocer esas ilustraciones que nos rodean a diario.

Capítulo 4
El humor en las ilustraciones

¿Usted me va a decir cómo llegar al cielo cuando
ni sabe cómo llegar al correo?

CUATRO
El humor en las ilustraciones

*Ninguna palabra obscena salga de vuestra boca,
sino la que sea buena para edificación según sea
necesaria, para que imparta gracia a los que oyen.*

Efesios 4.29

Hace ya varios años que, al llegar a la ciudad de México, le escribí una carta a mi esposa. Para asegurarme de que le llegara lo antes posible, me propuse llevarla directamente al correo central de la ciudad. Como era mi primera visita a México, no sabía dónde se encontraba. Bajé de mi habitación en el hotel para averiguar en la recepción, pero varios pasajeros habían llegado y todos los recepcionistas estaban ocupados.

Así que salí a la calle y encontré a un chico que lustraba zapatos. «Joven —le pregunté— ¿Me puedes decir cómo llegar al correo?» Con una destreza asombrosa me dijo exactamente cómo llegar. Al escucharlo, pensé que ante mí había un buen candidato para el cielo. De modo que le dije: «Esta noche estaré predicando en una iglesia que se llama Príncipe de Paz, está a solo cinco cuadras de aquí» y le expliqué cómo llegar. «Si vienes, te explicaré cómo llegar al cielo». Me miró a los ojos perplejo y me dijo: «¿Me va a decir cómo llegar al cielo cuando ni sabe cómo llegar al correo?»

No se imaginan las veces que he contado ese relato, y siempre me ha servido para romper el hielo. He aprendido que hay congregaciones que no quieren escuchar nuevos predicadores. Aman a su pastor y solo quieren escucharlo a él. Uno llega a una iglesia de ese tipo y lo que encuentra es indiferencia total, si no abierta hostilidad. A cada predicador —especialmente si es itinerante— le hace falta varios relatos humorísticos que pueda usar, confrontado a tal indiferencia.

A mí, el humor no me sale de forma natural. Tengo que luchar para decir algo gracioso. Envidio a un gran amigo y predicador, Gerardo De Ávila, por su gran sentido del humor. Aunque habla de las cosas más serias y sagradas, lo hace con una gracia tan especial que uno se queda riendo aun cuando él le esté dando una puñalada espiritual al corazón. ¡Qué don, esta clase de humor!

Recuerdo su breve obra titulada *El Purgatorio Protestante* [1] (el mismo título nos hace reír). Es un tratado serio sobre el tema de la disciplina en la iglesia. Sin embargo, los ejemplos que pone describiendo las maneras incongruentes en que se administra esa disciplina hacen reír. Veamos su postulado (p. 35):

> Se condena la idea católica del purgatorio, pero se ha inventado una protestante. Parece que lo malo no es el purgatorio en sí, sino su denominación. Por mi parte, si tuviera que escoger entre el católico y el protestante, escogería el católico, pues este solo existe en la imaginación de los teólogos católicos; el protestante es una realidad que, en muchos casos, hace sufrir a la persona no solo por determinado tiempo, sino por el resto de la vida.

De Ávila usa muchos ejemplos en el desarrollo de su tesis.

---

1. Gerardo De Ávila, *El Purgatorio Protestante,* Editorial Vida, Deerfield, Florida, 1993, p. 35.

Para saborear algo gracioso en su escrito, veamos:

1. Hay congregaciones que podrían confundirse con hospitales de pacientes que sufren de lo que los siquiatras diagnostican como culpa neurótica, y otros como culpa falsa, con el agravante de que en los hospitales los esfuerzos se orientan a la recuperación del paciente, y en estas congregaciones, a la perpetuación y agravamiento de su dolencia (p. 50).

2. Pedro fue dichoso al no vivir en nuestra época. Su disciplina habría sido muy larga, y sus amargas lágrimas no habrían conmovido en lo más mínimo a los jueces, a menos que hubiese tenido un padrino en el tribunal, en cuyo caso ni las lágrimas habrían sido necesarias (p. 78).

En la ciudad de Chicago hay un joven cristiano llamado Ken Davis que ha aprendido a usar el humor para atraer la atención a las grandes verdades cristianas. Tiene un programa de radio donde por dos minutos, usando el humor, procura dar una verdad bíblica. Es por medio de su gran sentido de humor que ha atraído una enorme audiencia. Aquí está uno de sus programas:[2]

Por mucho tiempo no me atrevía dar mi testimonio en la iglesia, sencillamente porque no creía tener uno. Cuando alguien se levantaba para testificar, siempre era acerca de cosas extraordinarias, llenas de inspiración y maravilla, mucho más allá de toda experiencia que yo había tenido. «Yo era un terrible drogadicto...»; «Yo fui un homicida condenado...»; «Yo era mujeriego, tenía una mujer en cada pueblo...»; «En esta vena —apuntando a su brazo— me inyectaba cocaína...» El problema mío es que no tengo un testimonio que llegue a

2. Ken Davis , *Lighten Up,,* Youth for Christ, CD, relato # 4, 1999.

esas dimensiones. No puedo decir: «Me emborrachaba cada noche, y cada noche estaba con una mujer diferente; pero entonces, a la edad de siete años, me entregué a Cristo y mi vida cambió por completo.» Ahora, si usted tiene un testimonio de esa clase, es estupendo. El problema mío es que pensaba que solo esos tipos de testimonios eran los válidos. ¿Cuál es mi testimonio? «Nací y luego a los siete años me convertí, y toda mi vida he ido a la iglesia, gracias.» Eso es todo, pues no tengo un pasado negro, como se dice. Pero, y quiere que noten bien, eso no quiere decir que necesito menos de la gracia de Dios. Aunque una persona haya sido homicida o haya sido una persona que ha estado en la iglesia toda su vida, todos igualmente necesitamos de esa increíble gracia de Dios. ¿No se alegra usted que Dios le ha provisto esa gracia tan bondadosamente en Cristo?

Al tratarse de este tema del humor en la predicación, necesito dar una advertencia. Si no se tiene un don natural, que es parte de su personalidad, no pretenda tenerlo, poniéndose a contar una serie de cosas que cree graciosas, pero que en realidad (si no sabe usar el humor) son absurdos. ¡Eso es ser payaso! El púlpito no es para payasadas; es el sitio más sagrado que existe bajo el trono de Dios. Es el lugar donde un hombre se para —presuntamente— para comunicar el mensaje de Dios Santo a su pueblo necesitado. El que toma ese lugar liviana o indignamente, comete blasfemia.

La esfera del buen humor

El humor no solo es un aspecto de la vida —Dios les dio capacidad para reírse a carcajadas hasta a los recién nacidos— es parte de la imagen de Dios en nosotros. Como apunta el sabio pastor John Piper, es parte del mismo carácter de Dios, llevándonos a 1 Timoteo 1.11 donde dice: «*según el glorioso evangelio del Dios bendito*», indicando correctamente que la palabra «bendito» debe traducirse «¡feliz!» Dios no es un Dios triste, que allá en el cielo —cara toda arrugada— lleva el peso de toda la infelicidad del mundo.

Como que es el todopoderoso, el sabio, omnipresente Dios, tiene la más fantástica, la más gloriosa solución para todo. Ante Él no hay dilema, no hay confusión, no hay imposibilidad; ¡hay solo felicidad! Todo a su alrededor es glorioso (véanse Ap 1.13-18; 4.1-11; 5.9-14; 7.10-17; 11.15-19; 14.14-19; 15.2-8; 19.1-16; 20.11-15; 21.1-8, 22-27; 22.1-7, en los momentos más trágicos para la tierra, vemos al grandioso Rey de reyes con todo predeterminado y perfectamente solucionado). Es a cuenta de ese Dios feliz —por lo que es, y por lo que hará— que nosotros también nos reímos en medio de nuestras lágrimas, porque sabemos el triunfo que nos espera.

He dicho muchas veces: la persona más feliz, más alegre, más contenta, más radiante, debe ser la que sabe que pertenece a Cristo. ¡Sus pecados todos han sido perdonados! ¡Su destino está asegurado! ¡Todo lo que es y todo lo que tiene está en las poderosas manos del Rey de reyes y Señor de señores! Es para saltar, para gritar de gozo, y para reír, y reír, y reír. ¿Qué importa un dolor aquí, una reuma allá, un riñón majadero por acá, que se caiga el pelo o los pocos dientes que le faltan para masticar — ¡tiene lo que más vale! ¡Pertenece a Cristo! No es que al reírse el dolor desaparezca. No, no nos equivoquemos. El dolor es real... y duele. Es que en comparación con lo que Cristo nos ha dado, nuestro gozo opaca al dolor.

Por eso es que la esfera del buen humor es el corazón, y como que Dios es un Dios feliz sus hijos deben ser felices. La risa siempre debe ser parte del pueblo de Dios —y creo que saben que no hablo de esa risa llamada *santa*— que artificialmente se crea por algunos que dicen que es un nuevo «don» que imparte el Espíritu Santo por medio de ellos. No, la alegría de la que hablo es algo natural que brota del corazón de todo aquel que sabe que ha sido redimido por la sangre de Cristo, y no algo que se recibe esporádicamente en una carpa o en un templo.

Pero en una carpa o en un templo, como predicadores, podemos decir algo chistoso. Principalmente se escoge algo jovial en la preintroducción, al mero principio de nuestra charla, es decir, cuando nos presentamos ante la audiencia

Personalmente, después de agradecer al pastor o al comité que hizo la invitación, comúnmente cuento un chiste o digo algo gracioso. El relato con que abrí este capítulo es el que más uso cuando voy a un lugar nuevo, especialmente si se me ha dado una introducción acogedora. Véase que la anécdota tiene una virtud muy especial que se descubre al analizar el remate que hace el ilustrador: «¿Usted me va a decir a mi cómo llegar al cielo cuando ni sabe cómo llegar al correo?» Esa línea siempre causa risa, porque es inesperada. Es más, como me presenta cual inepto o incompetente, ayuda a quitar toda noción de que soy una persona inalcanzable, altiva u orgullosa. Nadie quiere escuchar a un orgulloso. Nadie quiere a un *sabelotodo*. Por tanto, a veces es necesario anular la manera exaltada en que se nos presentó a la audiencia. Queremos lograr que ella diga: «Este me gusta, se le puede escuchar».

Cuentos, chistes y relatos útiles para romper el hielo

Trasfondo: En varias ocasiones me ha tocado hablar en reuniones auspiciadas para la Asociación Billy Graham. En ellas he tratado de destacar siempre al Dr. Graham. Para ello, no conozco mejor ilustración que esta:

El conocido evangelista Billy Graham cuenta de una ocasión en que volaba en un avión entre las ciudades norteamericanas de Atlanta y Houston. En el avión iba un tejano ebrio, que en voz alta y ofensiva blasfemaba y maldecía, avergonzando especialmente a los que viajaban con Graham. Por fin el alcalde de Houston, que también acompañaba al evangelista, se acercó al borracho para hacerlo callar.

—Señor ¿no ha visto que Billy Graham está en el avión? ¡Debe controlar su lengua!

—¿Qué dice? —contestó el embriagado— ¿que Billy Graham está en el avión? ¿Dónde?

Enseguida se levantó para buscar al evangelista, equilibrándose con los asientos. Por fin encontró a Graham. Estrechándole la mano le dijo:

—Choque esos cinco, señor Graham, ¡soy un convertido suyo! Mirándolo seriamente, Billy Graham le contestó:

—Quizás sea usted un convertido mío. Pero, por lo que huelo, veo y oigo, usted necesita ser un convertido de Cristo.

Una transición: ¿Cómo se sale del relato o del chiste para continuar con el mensaje? Por ejemplo, la *transición* podría ser algo tan sencillo como: «Para el tiempo que estaremos juntos en esta mañana, el Señor ha puesto un pasaje de su Palabra en mi corazón. Abramos nuestras Biblias en Gálatas...» Se lee el pasaje, se tiene una breve palabra de oración, y se entra directamente a la introducción formal del mensaje: «En esta carta, Pablo escribe a una iglesia desviada. Falsos maestros han entrado en la iglesia, y el resultado es que han puesto su confianza en una salvación por obras...»

La ofrenda religiosa

Trasfondo: Hoy día, cuando tantos vuelan por avión, poco se pregunta acerca de los viajes. Pero en tiempos pasados siempre era algo que estimulaba la curiosidad. Cuando me presentaban y preguntaban acerca de mi vuelo, contaba el siguiente relato con frecuencia.

Mi buen amigo, José Alejandro Wojnarowicz y yo viajábamos de Lima, Perú, a Santiago, Chile. Sobre los Andes, a veces, se forman corrientes feroces de viento y el avión se mueve como un potro cuando es domado. Como viajamos tanto, estamos acostumbrados a esas turbulencias y conversábamos en calma, en esta ocasión planificando el encuentro con pastores que tendríamos en Santiago.

Al lado de José estaba sentada una dama anciana que, desde el momento en que se montó en el avión, por sus acciones nerviosas y preguntas acerca de la seguridad de la nave, seguramente estrenaba su primer viaje. Luego de lo que ocurrió, José me dijo que se había fijado en que ella había gastado un rosario y ya estaba en el segundo, atribuido al nerviosismo. José no se había dado cuenta de que estaba a punto de explotar.

José y yo seguíamos hablando cuando, luego de un salto inesperado del avión, la señora no pudo aguantar más, y pegó un grito: «¡Por favor, que alguien haga algo religioso, o todos pereceremos!»

Con esa calma que caracteriza a José, se levantó. Tomó un sombrero y con toda seriedad, ¡comenzó a recoger una ofrenda!

La transición: Al lograr que la congregación se ría, el orador hace que la gente se percate de que es alguien como cualquier otro; así la audiencia se prepara para escuchar lo que sigue. Hay que cuidar, sin embargo, que si lo dicho causa mucha risa, la gente espera más —a todos nos gusta reír. Pero cuidado, podemos perder tiempo contando chistes. Sea una persona equilibrada. Tenemos que recordar que no hemos llegado a ese lugar sagrado para hacer reír, sino para hacer pensar en aquello que viene de Dios. A su vez, ir de la risa a una oración, me parece irrespetuoso. Así que siga contando lo alegre que está de haber llegado, y contar algo de lo que espera Dios haga durante el tiempo que estén juntos. Con esto ya se puede orar, leer la Biblia, y comenzar con la introducción al mensaje.

Alejandro y su terrible mal día

Trasfondo: Digamos que llega a una iglesia y encuentra que hay muchos niños y jovencitos en la congregación. ¿Acaso va a ignorarlos? Horrible idea, ya que se nos dice que el 75 por ciento de los que llegan al Señor como Salvador lo hacen antes de cumplir la edad de 18 años. El buen predicador siempre debe tener algo preparado para atraer la atención de ellos. En unas cuantas ocasiones me ha tocado este reto y para ello en mi cuaderno de sermones llevo varios relatos:

ALEJANDRO Y SU TERRIBLE, HORRIBLE, INCREÍBLE MAL DÍA
(por Judith Viorst —escrito para niños, preparándoles para la vida)

Anoche me dormí con chicle en la boca,
Hoy amanecí con chicle en el pelo.
Entré al baño con la camisa apretada bajo el codo,
Se me enganchó en el grifo y cayó al agua.
Me di cuenta que este sería un terrible, horrible,
increíble mal día.

Para el desayuno mamá nos dio manzanas.
La de Ñico era grande y jugosa,
La de Antonio era linda y dulce.
La mía tenía un gusano.
Creo que me iré a vivir a España.
Cuando salí para el colegio fui a darle un beso a papá.
Tropecé con la pata de la silla y caí sobre sus rodillas.
Todo hubiese salido bien, excepto que papá tomaba café...
Y el café le manchó la camisa.
En lugar de darme un beso me dio una paliza.
¡Qué terrible, horrible, increíble mal día!

En el colegio a la profesora Sánchez le gustó
el dibujo de un gato que hizo María,
También el barco que pintó Pablo.
Pero no le gustó el castillo invisible que pinté yo.

Luego Pablo me dijo que yo ya no era su mejor amigo,
Que ahora lo era Felipe García,

Y que Alberto Cruz era su segundo mejor amigo,
Que yo era solo su tercer mejor amigo.
De veras, me voy a vivir a España.

Para la cena, mamá preparó hígado; no me gusta el hígado.
En la televisión se besaban; tampoco me gustan los besos.
El agua para el baño estaba helada.
El jabón se metió en mis ojos.
Mi cometa se enredó en un árbol.
Perdí mi trompo.

Cuando me acosté, el gato no quiso dormir conmigo.
La lámpara al lado de mi cama se fundió.
Me mordí la lengua.
Antonio me robó la almohada.
De veras, este ha sido
un terrible, horrible, increíble mal día.

Mamá dice que hay días que son así,
¡Aún en España!

La transición: Digo algo así: «Ampliemos el panorama. En este relato tenemos la descripción de la condición humana: Dolor, desilusión, decepción, disgusto, descontento, desánimo. ¿Habrá remedio? ¿Es la vida toda un escenario de maldad, pecado, engaño y vanidad? En el estudio de hoy, el apóstol Pablo nos cuenta cómo salir de nuestro descontento».

El mago de Oz

Trasfondo: Aquí les ofrezco otro relato que sirve también cuando hay niños y jóvenes en la audiencia. (Nótese que estos cuentos no solo les interesa a los jóvenes, también les gusta a los adultos.) Para su información, parecido al relato que sigue, hay centenares de historietas, por ejemplo, *Las fábulas de Esopo.* Todo predicador debería tener esta colección en su biblioteca —¡cada una viene con su moraleja! Aunque no es de esa colección, la ilustración que sigue tiene que ver con la mentira y la verdad:

¿Recuerdan a *El mago de Oz*? Me encanta esa escena en la conclusión de la historia cuando Dorotea con sus amigos llegan al palacio. Son llevados al majestuoso trono del mago y tiemblan ante su poderosa presencia. Las luces destellan y la poderosa voz de trueno resuena sobre ellos. Todos están aterrorizados. Pero entonces Toto, el perro de Dorotea, con sus dientes, abre la cortina. Al instante se dan cuenta de que todo lo que ven y oyen viene de una fantástica maquinaria controlada por un mero ser hombre —el que pretende ser el invencible mago. Al abrirse la cortina el farsante es desenmascarado. Furiosa por el engaño, Dorotea lo acusa de ser una deplorable y deshonesta persona. A lo que el mago contesta en su defensa: «Soy un muy buen hombre, pero muy mal mago».

La transición: Hoy quiero ser como el perro Toto que abre la cortina a cosas escondidas que son falsas. Quiero que finjan que cada uno aquí es «Dorotea» y que hoy serán testigos de una gran revelación que yace tras esa cortina que llamamos la Biblia.

¿Qué es el hombre?

Trasfondo: En una ocasión predicaba sobre el Salmo 8. Para interesar a la audiencia en el tema, me puse a buscar varias caricaturas que pudiera usar para que se viera al hombre, como muchos lo ven, de manera superficial. Encontré los siguientes detalles que usé como introducción a mi tema:

Hay un impulso en el hombre que le hace hacer cada locura:
1. En el Estado de Texas un *cowboy* [vaquero], por un desafío, se comió 110 ajíes verdes picantes (los llamados

«habaneros») y lo hizo en quince minutos, rompiendo la marca mundial de 94 ajíes comidos en 11 minutos. Llegó a ser conocido como «el habanero».

2. En la Universidad de Lousiana hubo una competencia que tenía que ver con agarrar uvas con la boca. Se hacían parejas, y una tiraba las uvas mientras que el otro las agarraba con la boca. El ganador fue un tal Arden Chapman que agarró una uva lanzada a una distancia de 86 metros. Luego, los chicos en la universidad le llamaban «el tragauvas».

3. En Japón hay una orquesta integrada por músicos que tocan los instrumentos bajo el agua. Se conocen como «los mojados».

4. En Des Moines, Iowa, un hombre con su mujer estuvieron sentados en una bañera llena de puré de vainilla un total de 24 horas con 34 minutos y 20 segundos. Su apodo: «la pareja vainilla».

La transición: ¡Con qué facilidad despedimos al acto de creación más maravilloso de Dios! ¿Qué es el hombre, poeta, vaquero, guerrillero, refugiado, administrador, constructor, músico, teólogo, albañil, ama de casa, rey o presidente? La Biblia dice que el hombre es mucho más que todo esto: sugiero que lean sus Biblias en el Salmo 8. (Luego de esos comentarios, fui directamente a los puntos del mensaje):

 I. Es un ser creado por Dios,
 II. Es un ser amado por Dios
 III. Es un ser limitado por Dios
 IV. Es un ser coronado por Dios

Un sermón con buen sentido de humor

Para concluir este capítulo quiero que vean un ejemplo de cómo se puede elaborar un discurso completo, algo gracioso, pero que a su vez da un fuerte mensaje. Es un sermón especial para jóvenes hijos de pastores. Nótese la manera en que se usa el humor —no es pesado, no es abusado, más bien es un humor suave que no le quita en nada la dignidad a un servicio, ni a las verdades bíblicas del mensaje, pero que mantiene el interés del que lo escucha. Lo preparó Eduardo Thompson y fue publicado en *Guía Pastoral*, volumen 3 de 1997. Para facilitar su estudio lo presentamos en forma de bosquejo.

Título
Dios no tiene nietos

Texto bíblico

Si yo hablase lenguas humanas y angélicas, y no tengo amor, vengo a ser como un metal que resuena, o un címbalo que retiñe

(1 Co 13.1).

Introducción

¿Ha oído la expresión: «Dios no tiene nietos»? Si alguién calificara como «nieto» de Dios seríamos nosotros... LOS HIJOS DE PASTOR. ¿No le parece? Después de todo, crecimos en su casa, con gente de la iglesia, y muy a menudo desayunamos, almorzamos y cenamos en la iglesia.

Cuerpo del mensaje
I. Los méritos ganados

A. Lo que creemos

Creemos que hemos asistido a tantos servicios evangelísticos como el mismo Billy Graham. En efecto, hemos estado tanto en la iglesia que nos convertimos en una enciclopedia bíblica ambulante. Comprobamos así que el principio de absorción realmente funciona. Al llegar a la adolescencia, nosotros, los hijos de pastores, hemos absorbido el equivalente a un «doctorado» en Antropología Bíblica.

B. Lo que sabemos

Sabemos que el versículo más corto de la Biblia es Juan 11.35 (*Jesús lloró*); y podemos encontrar el libro de Filemón sin ver el índice. Además, recitamos sermones completos que memorizamos de nuestros padres.

Ilustración

Por ejemplo, aún puedo recitar uno de los sermones más populares de mi padre. La historia del muchachito que generosamente le dio a Jesús su almuerzo de cinco panes y dos peces, y cómo el Señor lo usó para alimentar a 5,000 personas. Todavía puedo recordar a papá sonriendo cuando decía: «¿Quién creen que comió más aquel día?» Cada vez que lo invitaban a predicar inesperadamente (lo cual era muy frecuente), abría su Biblia en Mateo 14 y predicaba el poderoso mensaje del muchachito y su fe en Jesús. Después de escucharlo unas 50,000 veces les aseguro que puedo recitarlo al pie de la letra, con sus mismas pausas y sus diferentes inflexiones de voz.

Recuerdo que me sentaba en el primer banco, frente a él, y modulaba las palabras a medida que las decía. Por alguna razón, eso irritaba a papá.

C. Lo que nos falta

La absorción es poderosa. Pero pensar, en base a lo anterior, que somos nietos de Dios, puede ser peligroso. Como hijos de pastores, podemos tener mucho conocimiento y, al mismo tiempo, carecer del ingrediente más importante: un corazón entregado a Dios.

El apóstol Pablo describe lo que es tener *conocimiento* sin un corazón para Dios: *Si yo hablase lenguas humanas y angélicas, y no tengo amor, vengo a ser como un metal que resuena, o un címbalo que retiñe* (1 Co 13.1).

II. Las enseñanzas esenciales

A. Lo que necesitamos aprender

Entonces, ¿qué debemos aprender para evitar una desmedida opulencia de intelectualidad acerca de Cristo y de la Biblia y poder tener un ardiente y genuino sentir por Jesucristo y su Palabra? Es una pregunta y un desafío por el que debemos luchar. Antes que empecemos a buscar respuestas teológicas o más complicadas, déjeme expresarle algo que dio resultados conmigo: *Amor*.

Ilustración

Lo que me llevó del mero conocimiento intelectual de Dios a un sincero anhelo de Él fue observar la relación de mi madre y mi padre con Jesús. Dios era, y es, real en sus vidas. Él era, y es, su poderoso Salvador personal. Viven conscientes de que Él los ama profundamente, y ellos a su vez lo aman con igual intensidad. El vivir para Cristo, y en Su nombre amar a otros y también a sus hijos, es el mayor gozo de sus vidas.

Como jóvenes necesitamos ejemplos genuinos de los principios cristianos. Necesitamos ver vivir la fe bíblica, verla en acción.

B. El Dios de mis padres tuvo que llegar a ser mi Dios

Yo sabía mucho acerca de Dios... pero mis padres realmente lo conocían. No me tomó mucho tiempo percatarme de que quería tener una relación con Jesús como la de ellos. Yo sabía por todo lo que me habían enseñado mis padres, que lo que hizo Cristo en la cruz fue una declaración de su amor por mí.

Llegó entonces el momento inolvidable en que yo, aún joven, entregué mi corazón a Jesucristo y lo recibí como Salvador personal.

III. Pasos para crecer

A. Castigos necesarios

Cuando considero los hechos pasados que me llevaron a caminar más cerca de Jesús, me asombra que los más importantes fueron los momentos de disciplina mezclados con amor.

Ilustración

Recuerdo claramente las ocasiones en que mi papá, con lágrimas en sus mejillas, me decía cuánto le dolían mis acciones. Luego hacía una pausa y terminaba con: «Pero sobre todo, has entristecido a Dios». Su interés principal era que ajustara mis cuentas con mi Padre celestial y, en segundo lugar, con él y mamá. Esta prioridad impactó mi vida de una manera tan tremenda que ahora crío a mis hijos con esos elementos —amor y firmeza— en mente.

B. La base bíblica firme

Y déjeme agregarle, que mis padres tomaron Proverbios 13.24 muy al pie de la letra: *El que detiene el castigo a su hijo aborrece; mas el que lo ama, desde temprano lo corrige.* Yo, junto con esa parte posterior de mi anatomía, sé lo que es un castigo.

Ilustración

Como el menor de cuatro hermanos varones, no me gustaba mucho crecer bajo el peso de ese proverbio, porque no solo me lo citaban, sino que me lo aplicaban con frecuencia. (Todavía recuerdo que me ponía pequeñas almohadas entre los pantalones para amortiguar los golpes.)

Ahora que soy padre, uso las mismas normas con los míos. Sé que una disciplina administrada amorosamente es parte importante de la crianza de los hijos.

C. Aprendizaje de los grandes principios bíblicos

Mis padres no solo nos disciplinaron, nos enseñaron en los estudios diarios de la Biblia los grandes y concretos principios de la Palabra de Dios, y esperaban que viviéramos de acuerdo a ellos. No nos controlaban las normas de nuestros vecinos, en mi casa lo que contaba era lo que Dios decía.

Nosotros, los hijos de pastores, quizá crezcamos en la casa de Dios, pero no podemos olvidarnos que Dios no tiene nietos. Pero sí tiene muchos, muchos hijos.

Ilustración

Cuando preparaba este estudio, le pregunté a mamá el «secreto» de ella y papá para lograr una familia en la que todos sirven y viven para Dios. No fue una sorpresa escuchar su respuesta: Mucho amor y mucha oración.

Me dijo que desde que nacimos, la oración principal de ellos era que llegáramos a ser verdaderos hijos de Dios. Cuando entramos a la adolescencia, pedían que cada uno de nosotros obedeciéramos a la voz de Dios y siguiéramos su camino. Cuando llegamos a la adultez, oraban que Dios nos diera esposas que amaran y desearan vivir para Dios. Ahora, me cuenta, están haciendo las mismas peticiones por nuestros hijos. Ella, igual que yo, sabe que Dios no tiene nietos.

Conclusión

Al concluir este mensaje pido dos cosas:

1. Examine cuidadosamente su corazón. ¿Ha puesto la confianza de su salvación en el hecho de que vive en un hogar de fieles creyentes, creyéndose «nieto» de Dios? Recuerde, ¡Dios no tiene nietos! Usted mismo tiene que poner su propia fe en Jesucristo.

2. En nombre de los hijos de pastores de todo el mundo, por favor: «¡Déjenos descansar de los desayunos, almuerzos y cenas en las iglesias!»

Capítulo 5

Un sermón ilustrativo

Nuestros esfuerzos por explicar al trino Dios se
parecen al falaz intento del niño tratando de
hacer un hoyo en la arena y vaciar el mar en él.

CINCO
Un sermón ilustrativo

Del hombre son los planes del corazón,
pero de Jehová es la respuesta de la lengua.
Proverbios 16.1

Tomemos un sermón para analizarlo. Queremos ver dónde se ilustró, por qué y qué tipo de ilustración se utilizó. De esta forma podremos entender mejor el aporte de las ilustraciones en la predicación comunicativa.

LA SANTA TRINIDAD
Les Thompson

INTRODUCCIÓN

La idea con que inicio el sermón:

Es imposible para un ser humano, por ser finito, explicar a un Dios que es infinito.

En lugar de tratar de explicar esa realidad filosófica, prefiero contar una historia verídica que en forma amena ilustre esa verdad.

Cito el dicho para alertar al público que lo que viene es difícil, pero posible de entender.

Se cuenta de un teólogo anciano del siglo XVI llamado Alanus que prometió a su congregación dar un sermón sobre la Trinidad. Un día, meditando en el tema, salió a la orilla del mar. Allí se encontró con un niño que escarbaba un hoyo en la arena.

—¿Qué haces? —preguntó el teólogo.

—Estoy haciendo un hoyo lo suficientemente grande para que quepa todo el mar.

Alanus comenzó a reír, percatándose de que sus propios esfuerzos por comprender y explicar al Trino Dios se parecían al falaz intento del niño.

Hay un refrán que reza: *Donde es demasiado hondo para andar, la fe puede nadar.* Aunque esta doctrina es superior a la razón, no es contraria a ella —aun cuando requiere fe.

Notará que a través de todo el sermón repito esta definición. Quiero que se le pegue al que me oye.

I. LO COMPLICADO QUE ES DEFINIR A DIOS

A. Una definición del Trino Dios

León el Grande (390-461) explicó la Trinidad así: *Un Dios sin división en una trinidad de personas, y tres personas inconfundibles en una unidad de esencia.*

Con este bosquejo ayudamos al oyente a analizar cada parte de la definición y a apreciarla

1. Buena definición, pero ¿cómo entenderla? Veamos sus partes:

a) Un Dios sin división
b) En una trinidad de personas (Padre, Hijo, Espíritu Santo)
c) Tres personas inconfundibles (cada una, una personalidad distinta)
d) En una unidad de esencia

Volvemos a reiterar lo difícil que nos es explicar el concepto de la Trinidad

2. ¿Cómo hacer comprensible al Trino Dios?

León nos da a entender lo complicado que es definir a Dios, pues Él, al ser uno y a la vez tres, es una paradoja.

Con esta ilustración, busco mostrar cómo a veces nos encontramos con conceptos que están más allá de nuestro entendimiento.

ILUSTRACIÓN

Una vez en Ecuador, en una iglesia rural, conocí a un señor ciego con

Nótese que tiene el ingrediente humano, como debe tener toda buena ilustración.

quien entablé amistad. Me preguntó cómo había llegado, ¿a pie, en burro o a caballo? Al decirle *por avión* me metí en un problema complejo, ya que tal aparato era totalmente ajeno a su conocimiento (apenas sabía lo que era un auto). ¿Cómo hablarle de un aparato gigantesco cargado de gente que volaba como un pájaro, cuando nunca siquiera había visto un ave? Tratar de explicar la Trinidad es algo parecido.

Viendo los esfuerzos del pasado por explicar el significado de Trinidad, muestro que no somos los únicos que tenemos problemas para explicarlo.

B. Esfuerzos clásicos por ilustrar la Trinidad

Para ilustrar el concepto de la Trinidad, el problema que enfrentamos es que no hay nada en nuestro entendimiento que se le acerque. Tres ilustraciones clásicas:

1. **Una torta:** Podemos dividirla en tres partes iguales, de modo que cada una de ellas represente al Padre, al Hijo y al Espíritu Santo. El problema es que el Padre no es una tercera parte de Dios, ni tampoco lo es el Hijo ni el Espíritu Santo. Él es *un Dios sin división*.

Estos tres ejemplos también sirven como ilustraciones, aunque no tienen el ingrediente humano.

2. **El agua:** Puede presentarse en sus tres estados: líquido, sólido o ga-

seoso, pero en uno solo a la vez; mientras que el Padre, el Hijo y el Espíritu Santo son personas independientes aunque todos exactamente de la misma esencia al mismo tiempo; un Dios en *una unidad de esencia.*

Su valor ilustrativo se encuentra en que se usan tres cosas bien conocidas que podemos identificar:
Una torta
Agua
Un árbol

3. El árbol: es constituido por raíz, tallo y ramas. El tallo procede de la raíz, y las ramas del tallo y las raíces. Es una trinidad, pero también nos deja cortos, ya que una raíz puede existir por un tiempo sin el tallo y sin los gajos, pero Dios nunca existió sin el Hijo y sin el Espíritu Santo: Él es *un Dios sin división en una Trinidad de personas.*

Acentuamos cuán difícil es ilustrar a Dios en su esencia.

Como se ha dicho: *Nuestras ilustraciones de la Trinidad podrán muy bien satisfacer parcialmente el entendimiento de los hombres, pero nunca explicarán de manera precisa la naturaleza de Dios.*

De lo pasado vamos a lo presente.

Nótese que a propósito escogemos a un bien educado personaje como el protagonista de estos nuevos conceptos.

C. Intentos modernos de ilustrar a Dios

El Dr. Nathan Wood, ex presidente de Gordon College en Boston, EE.UU., ve varias trinidades en la naturaleza que al menos nos ayudan a comprender la importancia del concepto trinitario:

Las ilustraciones toman el carácter de nuestros días (evidencias científicas).
Si hay estudiosos en la audiencia, estos ejemplos les interesarán. A su vez, obligan a todos a pensar.

Así mantengo a la audiencia pendiente e involucrada en el tema.

Estos argumentos, ya que son difíciles de captar, los leo despacio y con énfasis.

Si veo que el público no los entiende, que parecen ser muy complicados, los vuelo a leer.

1. **Universo= espacio, tiempo, materia.** Quite un solo elemento y ya no hay «universo». Los tres elementos forman el universo y son igualmente esenciales.

2. **Espacio= largo, ancho y alto.** Elimine un elemento y el «espacio» deja de ser. Cada parte es de igual importancia para que el espacio exista.

3. **Tiempo= pasado, presente y futuro.** Cada parte es de igual y esencial valor. (Luego de usar estas ilustraciones, el Dr. Wood afirma la necesaria existencia de Dios en forma trinitaria y la consecuente interdependencia.)

4. **Dios= Padre, Hijo y Espíritu Santo.** Aquí se ve la particularidad de cada Persona y la indispensable interdependencia en la Trinidad:

   a) El Padre no se ve excepto cuando se hace visible en el Hijo. El Hijo es lo que vemos, oímos y conocemos [véanse 1 Ti 1.15-19; Heb 1.1-3]. Siempre personifica al Padre, día tras día, hora tras hora, momento tras momento [Jn 14.9]. Siempre revela al Padre que, de otra manera, sería invisible [Jn 1.18]. El Padre lógicamente es primero, pero no en el aspecto cronológico.

b) El Hijo existe desde que el Padre existe, estaba con el Padre en toda la eternidad pasada.

c) El Espíritu a su vez procede del Padre y del Hijo. Él no encarna al Hijo, más bien procede silenciosa, eterna e invisiblemente de Él.

II. NUESTRO DIOS UNO ES

La Biblia no usa el término *Trinidad*. Este surge de nuestro vocabulario para indicar el concepto de «tres elementos en uno».

ILUSTRACIÓN

Me tocó comprarme un auto nuevo. Fui a una agencia de la compañía Ford para ver sus modelos (el dueño me había prometido un buen descuento). Lo primero que vi fue el hermoso chasis —color plata, líneas modernas, diseño atractivo. Cuando el agente vio que me interesaba ese auto en particular, se acercó, diciendo: «Permítame abrir el capó para que examine el motor.» ¡Qué maravilla de ingeniería! Allí estaba todo el

Esta ilustración servirá para dos propósitos:

2. Aliviar un poco la tensión. Hemos estado tratando conceptos pesados. Es tiempo de darle un descanso al cerebro.

3. Aquí introduzco el concepto de «revelación progresiva». Es necesario explicar el término para que los oyentes puedan comprender el proceso bíblico con que Dios se nos reveló.

poder que necesitaba para correr más que el viento. «Tiene que ver una cosa más —me dijo—. Siéntese en el asiento del chofer, y vamos a dar una vuelta para que aprecie este auto.»

Un interior hermoso, color azul, para hacer juego con el exterior, y un tablero de instrumentos maravilloso. Bueno, ¿qué le voy a decir? Es el auto que manejo hoy. Pero, lo importante es cómo me convenció el agente: fue un caso de «revelación progresiva». Poco a poco me fue enseñando las virtudes del auto.

De forma parecida Dios se nos ha revelado, paso a paso y poco a poco, comenzando con el Antiguo Testamento, ayudándonos a comprender su maravillosa grandeza.

A. El Antiguo Testamento

Volvemos a repetir la definición, nuevamente fijándola en la mente.
A su vez, la misma definición sirve como elemento unificador del tema completo.

En sus primeros libros no menciona por nombre al Padre, al Hijo y al Espíritu Santo; los tres se presentan como UN solo Dios. Luego, a través de la historia bíblica, se va aclarando —por revelación progresiva— que es *un Dios sin división en una trinidad de personas, y tres personas inconfundibles*

96

en una unidad de esencia.» Esta revelación se nos presenta en cuatro pasos importantes:

Seguimos con los detalles de la exposición. Tratamos de hacerlos amenos, introduciendo textos y explicaciones apropiadas.

1. El hombre debe reconocer la existencia divina:

a) La misma naturaleza sirve para mostrarnos que tiene por necesidad que haber un Creador.
Porque lo que de Dios se conoce es evidente entre ellos [toda la humanidad], *pues Dios hizo que fuese evidente. Porque lo invisible de él — su eterno poder y deidad— se deja ver desde la creación del mundo, siendo entendido en las cosas creadas* (Ro 1.19).

b) Por las increíbles hazañas que Dios hace en los tiempos de Noé, en los días de Abraham, por medio de Moisés, vemos que hay un Dios.

2. El hombre necesita saber que Dios es Uno.

a) Tanto en el Antiguo Testamento como en el Nuevo la enseñanza es clara.. Deuteronomio 6.4 afirma: *Escucha, Israel: Jehová nuestro Dios, Jehová uno es.* Y Marcos 12.29 declara: *Jesús le respondió: El primero es: Escucha,*

Estas citas las anoto en mi bosquejo para mi beneficio.

97

No los leería, ya que las citas en sí no benefician a nadie. Leerlas mas bien aburrirían (cosa que evito a toda costa).

Esta declaración la pongo en negrita, porque es algo que deseo enfatizar. Uno de los errores doctrinales hoy día es «independizar» a las personas de la Trinidad.

Israel: El Señor nuestro Dios, el Señor uno es. (Textos afines: Dt 4.35,39; 1 R 8.60; Is 45.5,6; Zac 14.9; Mc 12.29-32; Jn 17.3; 1 Co 8.4-6; 1 Ti 2.5).

El Padre, el Hijo y el Espíritu Santo están totalmente interrelacionados. Lo que hace el Padre, lo hace a la misma vez el Hijo y el Espíritu Santo, y así sucesivamente. Una persona de la Trinidad no obra independientemente de las otras dos. La naturaleza divina no es dividida ni divisible.

b) A su vez, la idea trinitaria, aunque no se expone abiertamente, fluye a través de todo el Antiguo Testamento.

(1) En Génesis uno vemos a Dios como Creador, pero se nos presenta al «Espíritu de Dios» moviéndose sobre la faz de las aguas.

(2) Al crear al hombre dice: «Hagamos al hombre a nuestra imagen» usándose la forma plural al hablar de Dios.

(3) Otra vez en Génesis 6 dice: *«No contenderá para siempre mi Espíritu con el hombre».*

De nuevo, coloca citas para mi información, pero no las leo a menos que haga una cita de uno de los textos, entonces cito el texto escogido.

(4) El Salmo 2 afirma que Dios tiene un Hijo: *Jehová me ha dicho: Tú eres mi Hijo; yo te engendré hoy* (véanse Is 9.6; Miq 5.2; Nm 27.28; Sal 51.11; Is 40.13; 48.16).

Con cada punto vamos ampliando lo que de Dios se puede conocer.

3. El hombre necesita conocer los atributos y el carácter de Dios

En el Antiguo Testamento vemos que Dios es justo y a la vez santo. Esto lo muestra en su trato con la humanidad, en toda su ley y en todos sus juicios. Dios es hermoso en su carácter: *¡Jehová, Jehová, Dios compasivo y clemente, lento para la ira y grande en misericordia* (Éx 34.6).

No perdemos de vista la definición, que a esta altura ya debe ser bien reconocida.

4. El hombre necesita saber la esencia de Dios

¿Cuál es la composición de nuestro Dios? Él es un Dios: Padre, Hijo y Espíritu Santo, *tres personas inconfundibles en una unidad de esencia.* Dios esperó hasta encarnarse en el Hijo para darnos esa revelación (enseñanza clara del Nuevo Testamento).

a) Vemos a un Dios en tres personas en el bautismo de Jesús (la voz del Padre, el Espíritu que desciende como una paloma y el Hijo que es bautizado).

b) En las explicaciones que da a los discípulos, después del Aposento Alto, Jesús claramente habla del Padre y del Espíritu Santo.

c) También en la conocida fórmula bautismal: *Bautizándoles en el nombre del Padre, del Hijo y del Espíritu Santo* (véanse también Mt 3.16-17; Ro 8.9; 1 Co 12.3-6; 2 Co 13.14; Ef 4.4-6; 1 P 1.2; Jud 20-21; Ap 1.4-5).

Todo el Nuevo Testamento revela *un Dios sin división en una trinidad de personas, y tres personas inconfundibles en una unidad de esencia.*

Volvemos a repetir nuestra definición.

Ya, con todo lo que hemos enseñado, ampliamos el sentido de la definición.

Dicho de otra forma, cada persona posee la misma esencia, sin embargo, cada una es constituida como una persona distinta y distinguida por características propias (más allá de nuestro entendimiento) que no son comunes a los demás. Se distingue a las tres Personas por la personalidad de cada uno, que exige que usemos los pronombres, yo, tú y él; también la concurrencia de los tres en el consejo divino, en el amor del uno al otro, y en las actividades particulares y especiales de cada uno.

Ahora comenzamos uno de los aspectos más importantes de la predicación: aplicar lo enseñado al que escucha.

III. La Importancia de esta doctrina

Este gran misterio es importante por las siguientes razones:

A. Dios se revela como Trinidad porque quiere que así le conozcamos

¿Qué tiene que ver contigo y conmigo el hecho de que Dios es Trino?

1. Ese deseo se debe a su gran amor por nosotros, Su creación.
2. ¡Qué paradójico! Pensar que el santo, puro, inescrutable Dios —Padre, Hijo y Espíritu Santo— nos ama a nosotros, seres pecadores, débiles, imperfectos, llenos de problemas y necesidades.
3. Además, ¡ese amor del Trino Dios es inquebrantable: *¿Quién nos separará del amor de Cristo? ¿Tribulación? ¿angustia? ¿persecución? ¿hambre? ¿desnudez? ¿peligros? ¿espada? ... ni la muerte, ni la vida, ni ángeles, ni principados, ni lo presente, ni lo porvenir, ni poderes, ni lo alto, ni lo profundo, ni ninguna otra cosa creada nos podrá separar del amor de Dios, que es en Cristo Jesús, Señor nuestro* (Ro 8.35-39)! Por supuesto, para poder responder a ese amor divino, es indispensable que conozcamos a cada

una de las tres Personas de la Trinidad.

B. El plan de redención requiere que Dios sea Trino

Se dan razones propias para que nos demos cuenta de que, al no ser trino, la obra de redención y la presencia personal del Espíritu Santo hubiesen sido imposibles.

1. Si no lo fuera, ¿cómo explicaríamos la encarnación, muerte y resurrección de Cristo?
2. ¿Cómo entenderíamos a Cristo ahora a la diestra del Padre?
3. ¿Cómo apreciaríamos la obra terrenal del Espíritu Santo nuestro Consolador?

    Porque de tal manera amó Dios [el Padre] *al mundo, que ha dado a su Hijo unigénito* [la segunda persona de la Trinidad], *para que todo aquel que en él cree* [por la obra soberana del divino y Santo Espíritu] *no se pierda, mas tenga vida eterna.*

C. Nos ayuda a conocernos a nosotros mismos

Se lleva el argumento a nivel personal, mostrando la importancia del concepto para explicarnos a nosotros mismos.

1. Juan Calvino: Sin conocer a Dios, el Creador, es imposible conocernos a nosotros mismos.

    Cuando nos consideramos tal como somos, necesariamente tenemos que mirar al que nos hizo, al que está detrás, delante, encima y debajo de nosotros (Sal 139.7-12). Por tanto, si somos hechos a Su imagen, ¿cómo entender nuestra humanidad y espiritualidad sin conocer al que nos hizo, especialmente cuando quiere que le conozcamos?

2. Además, el Trino Dios mora en los que hemos respondido a su bendito llamado de salvación. Ahora somos templo de Dios (1Co 3.16). Insólita verdad, ¡el Trino Dios mora *en* sus hijos! El mismo Jesucristo nos dijo: *Yo soy en mi Padre, y vosotros en mí, y yo en vosotros* (Jn 14.20). San Pablo nos lo confirma: *¿O no sabéis que vuestro cuerpo es templo del Espíritu Santo, que mora en vosotros, el cual tenéis de Dios, y que no sois vuestros* (1Co 6.19)?

3. Finalmente, esta sublime verdad nos hace anhelar el cielo.
   a) Ahora, al comprender íntima y personalmente al Padre, que nos amó tanto que nos dio a su Hijo; al conocer al Hijo, que hasta entregó su vida por

nosotros; y al tener la presencia y comunión del Espíritu Santo, comenzamos, aquí en la tierra, a disfrutar gloriosa y prácticamente de nuestro gran Dios Trino.

b) Si ahora en esta tierra es grandioso ser cristiano, ¿cómo será en el cielo? Por eso, al conocer —aunque sea por un velo oscuro— algo del misterio de Dios, vemos que el cielo y la eternidad no representan un lugar ambiguo, solo e inactivo. Tiene que ser un lugar de sublime gozo, placer, y actividad.

c) Esta realidad futura, aunque pareciera superar todo entendimiento, es lo que nos espera. En verdad, si aquí en la tierra, pese a nuestra condición de pecado e imperfección, podemos disfrutar gloriosamente del actuar amoroso del Trino Dios, ¿cómo será en el cielo donde le veremos cara a cara?

Ya que el último punto tiene que ver con las implicaciones personales de la Santa Trinidad, escojo un relato propio para

ILUSTRACIÓN

Estaba de visita en la ciudad de Everett, Washington, donde años *mostrar lo que esta doctrina significa para mí, en particular.*

antes enterré a mi querida esposa, Mary. Hice una visita al cementerio. Sin mucha dificultad hallé el lugar.

La lápida sencillamente dice: Mary Louise Doty de Thompson, Septiembre 14, 1931 - Mayo 31, 1959. Al leerlo, me pareció tan poco suficiente para recordar a aquella mujer, madre de tres de mis hijos, esposa fiel y devota, que con tanto cariño me había acompañado a Cuba para servir al Señor.

Unas hierbas crecidas acariciaban el mármol frío. El musgo verde cubría las letras, haciendo difícil la lectura del nombre. El hongo ennegrecido ocultaba el color del mármol. No tenía conmigo nada para limpiar la tumba, así que bajé a la ciudad y, en un almacén, compré artículos de limpieza.

Mientras limpiaba la tumba, mil recuerdos cruzaron mi mente. De repente todo cambió. Me parecía oír sonar un clarín en el cielo. Las nubes se partían y allí contemplaba la gloriosa figura de Jesucristo, rodeado de millares de ángeles. En ese mismo instante sentí la tierra estremecerse, y las tumbas abrirse, y por todas partes del cementerio veía salir cuerpos de los santos, incluso el de María. Traté de llamarla, pero no me prestó atención, su cara iluminada veía solo a Cristo. De repente sentí como que yo mismo me levantaba en el aire, y subía junto a miles por todos los lados, todos subiendo hacia las nubes...

Sacudí la cabeza, dándome cuenta de que todo era cosa de mi imaginación. A su vez, era más que un sueño, era la seguridad de mi destino eterno. El glorioso Señor Jesucristo un día cercano vendrá esplendoroso en las nubes, no solo para llevarnos al cielo, sino más glorioso aun, para llevarnos a estar para siempre con Dios el Padre, Dios el Hijo, y Dios el Espíritu Santo. ¡Qué promesa tan hermosa la del Trino Dios! ¡Qué esperanza más bendita!

Hay cierto sentido en que la conclusión es un sumario de todo lo antedicho. Pero es más que un simple repaso. Nos debe llevar a aquello que era la esencia del tema.

CONCLUSIÓN

Ahora entendemos mejor la definición de Trinidad de León el Grande: *Un Dios sin división en una trinidad de personas, y tres personas inconfundibles en una unidad de esencia.*

Sí, es una buena definición, pero ni con un estudio como este es posible entender la gloriosa majestad y magnificencia de nuestro Dios soberano.

Busco que los oyentes reconozcan que lo importante es ir más allá de un conocimiento técnico de quién es Dios, que lo importante es anhelar conocer de forma personal a Dios, y más, hacerles ver que ese conocer de Dios será grandemente recompensado por medio de la intimidad que un hijo de Dios puede tener con el Padre, el Hijo y el Espíritu Santo.

Como Moisés, después de aquel insólito encuentro con Dios, allí escondido entre las peñas del Sinaí, viendo las gloriosas «espaldas» de Dios, nosotros hoy podemos gozarnos en un conocimiento mucho más amplio del Trino Dios. Tenemos los beneficios adicionales de todo lo que la Biblia entera nos revela. Además, lo revelado de forma muy particular por Jesucristo, del Padre, del Espíritu y de sí mismo.

Si solo ver las «espaldas» de Dios satisfizo a Moisés, cuánto más usted y yo sentiremos increíble complacencia al ascender ese mismo santo monte del conocimiento de Dios. Descubriremos que mientras más aprendemos de Dios, ese conocimiento no solo nos llenará de maravilla, deleite y asombro espiritual, también abrirá nuestro apetito para buscar y anhelar una íntima comunión con nuestro incomparable Trino Dios.

Capítulo 6

Las partes de un sermón debidamente ilustradas

Aunque se muera de hambre haciéndolo, un chimpance escogerá empujar la palanca que le inyecta el placer.

SEIS
Las partes de un sermón debidamente ilustradas

Aférrate a la instrucción, no la sueltes,
guárdala, porque ella es tu vida.

Proverbios 4.13

El cerebro humano se parece a una gelatina suave, de color gris, cubierta por una membrana y entretejida por kilómetros de venas del grueso de un pelo que lo nutren de sangre. Esa gelatina es compuesta de varios billones de celdas que crean y luego descargan pequeños impulsos eléctricos. Esta bola húmeda y compleja está encapsulada por el cráneo, que a su vez es cubierto por una gomosa capa cabelluda que sirve de amortiguador.

Como el resto del cuerpo, el diseño del cerebro incluye su propio sistema de partes de repuesto. Continuamente las células del cerebro se van muriendo, la velocidad de esa muerte depende del estilo de vida de la persona, y estas células que mueren nunca son repuestas. Sin embargo, en cada cabeza hay suficientes para durar toda una vida. Si una apoplejía llegara a destruir todas las celdas en el hemisferio derecho (la parte que controla lo que tiene que ver con la capacidad de comunicar de una persona —poder oír, hablar, escribir) es posible que celdas latentes o inactivas en la esfera izquierda puedan ser despertadas y entrenadas para suplir las fallas sufridas por otras partes del sistema mental.

Los científicos han introducido electrodos muy finos en el cerebro de los animales, por medio de los cuales han convertido un manso conejo en una fiera; han podido hacer que un gato tema a los ratones. Además, han hecho muchos experimentos con los chimpancés, hasta localizar lo que llaman «el centro de placer». Por ejemplo, han puesto dos pequeñas palancas en las manos del mono. Una de ellas descarga una pequeña señal eléctrica en ese «centro de placer» y al instante el mono siente intenso placer. Al empujar la otra palanca, recibe un plátano. Usando esos mecanismos descubrieron que el chimpancé empujaba la palanca que estimulaba el placer continuamente, y se olvidaba de la que lo hacía recibir el plátano, aunque sintiera hambre. El animal prefiere el placer a los plátanos. Nada más le importa.

¿Nos parecemos a los chimpancés? Afortunadamente, hasta el momento no tenemos en las iglesias los aparatos para introducir electrodos en los cráneos de nuestros oyentes, para así darles una descarga de placer. Pero no se desanime, ¡tenemos algo mucho mejor y más seguro! La capacidad para proveerles muy efectivos estimulantes (ilustraciones) para que puedan gozar y disfrutar a plenitud el mensaje que predicamos.

Por tanto, veamos todos los aspectos de un sermón. Fijémonos en la importancia de usar ilustraciones en todos los puntos fundamentales, para de esa forma mantener a la congregación atenta a lo que predicamos. Primero, veamos las partes del sermón:

El título

Es lo que le da identidad a un sermón. Debe ser fiel al tema, contemporáneo, fácil de entender y breve.

El texto bíblico

Esta selección de la Palabra de Dios es el fundamento sobre el cual se construye todo.

La preintroducción

Son las primeras palabras usadas al llegar al púlpito. El propósito es dar una breve oportunidad a la congregación para que se acostumbren a su voz y hacerles ver que usted es una *persona* ordinaria (no una personalidad) con la cual ellos pueden identificarse.

La introducción

Es la manera en que usted anuncia su tema y prepara a la audiencia para recibirlo. Tiene que ver exclusivamente con el contenido de su mensaje. Su propósito es interesar al público en lo que usted va a decir. En otras palabras, prepara el ambiente intelectual para recibir el mensaje que trae de Dios a ellos.

El cuerpo del sermón

Es el desarrollo lógico y secuencial que se le da al texto bíblico.

Casi siempre hay tres puntos o divisiones que saltan naturalmente del texto (aunque puede haber dos o más).

Bajo cada punto principal hay varios subpuntos que ayudan al predicador a desglosar el texto.

La conclusión

Es el cierre del sermón, en el cual —si no se ha ido haciendo antes— se le aplica al oyente la verdad predicada.

Tomemos cada una de estas partes del sermón para ver las maneras apropiadas de introducir las ilustraciones. Comenzaremos explicando o dando una definición de la «parte» del sermón tratada, y luego las maneras de incorporar alguna ilustración.

1. El título y el texto bíblico

Lo normal es que no se explique el título ni el texto bíblico con ilustraciones. Solo si se usa algo raro que requiera explicación. El título es el resumen más breve posible del tema sobre el cual se va a predicar. A su vez, no solo bosqueja el tema escogido, lo hace agradable y entendible. Por ejemplo: «La intolerable hipótesis docetista de 2 Juan 7» es un resumen correcto del texto de San Juan, pero tan pedante que sería inapropiado para encabezar un sermón. Otro extremo sería: Las frases «Su cónyuge: ¿Ayuda idónea o ayuda errónea?» o «¿Chica Cosmo o mujer modesta?» podrían parecer títulos graciosos para Proverbios 31, pero ofensivos (machistas) para las damas en la congregación.

En cuanto al texto bíblico, este se declara sin decir más, a menos que sea para ayudar a la congregación a encontrar libros poco conocidos o difíciles de ubicar en la Biblia.

2. La preintroducción

En esta parte nuestra preocupación es preparar la audiencia para recibir el mensaje. Si es la primera vez que uno se dirige a ella, por supuesto que no ha de conocer el timbre de la voz (alto, soprano, tenor, bajo), ni el ritmo (velocidad) en que hablamos. No está acostumbrada al énfasis, intensidad, acento y otras características propias del que hace la exposición, especialmente si es de otro país. No tiene noción del tipo de persona que somos —nuestra personalidad. Si queremos que nos presten atención, es esencial tomar unos muy pocos instantes para darnos a conocer.

En el capítulo 4, donde hablamos de «cuentos, chistes y relatos que uso para romper el hielo» dimos ejemplos, indicando que es el mejor momento para usar algo gracioso en el sermón. Recordemos que estos comentarios, chistes o relatos deben ser breves, ya que lo que importa sobre todo es el mensaje que Dios ha puesto en su corazón para la congregación.

Un comentario final. Nunca decido qué voy a decir en la preintroducción hasta llegar al sitio de exponer la predicación, ver la congregación y estudiar el ambiente. No quiero «meter la pata» diciendo algo inapropiado o que pueda de alguna forma ofender. Al ver a la gente —cómo es, cómo trata a su pastor, a qué tipos de cosa están acostumbrados— decido qué voy a hacer o decir.

3. La introducción

Es una de las partes más importantes de un sermón. Aunque el propósito de este libro no es incurrir en el área formal de la homilética, cuando esta depende en gran parte sobre el uso de ilustraciones, sí es necesario hacer ciertas observaciones. Dice Orlando Costas: «La introducción debe enfatizar la importancia del concepto que se piensa clarificar en el sermón.»[1] Haddon Robinson añade: «El predicador tiene que saber convertir la atención involuntaria en voluntaria, para que las personas no solo escuchen porque deben, sino porque quieren.»[2] Ramesh Richard, profesor de predicación expositiva en Dallas Theological Seminary, amplía esa idea:

> No se puede enfatizar lo suficiente el rol que juega una buena introducción en un sermón efectivo. Si en los primeros minutos de tu prédica no logras que la audiencia ansiosamente quiera escuchar el tema que vas a predicar, mejor que se vayan a casa. Hay cuatro ingredientes de una buena ilustración [y en los párrafos que siguen explica cada uno de los siguientes puntos]... capta la atención... hace resaltar una necesidad... orienta en cuanto al contenido del sermón... y declara el propósito del mensaje, invitando a la audiencia a unirse a ese propósito.[3]

1. Orlando Costas, *Comunicación por medio de la predicación,* Editorial Caribe, Miami, FL., 1973, p. 101.
2. Haddon Robinson, *La predicación bíblica,* LOGOI-Unilit, Miami, FL, 1993, p. 164.
3. Ramesh Richard, *La escultura de la Escritura,* Backer Books, Grand Rapids, Michigan, 1995, pp. 106-8.

La introducción, entonces, está íntimamente relacionada con el sermón, ya que introduce el concepto, anticipa el tema y crea el deseo de escuchar. Tenga un sermón tres puntos o diez, debe tener un punto supremo —algunos lo llaman «la idea central» del mensaje, donde el todo se reduce a una idea explícita. Es con esa idea central que tiene que ver la introducción. ¿Cómo puedo en breves palabras declarar lo que voy a enseñar, a la vez que intereso a la congregación en el tema? Por su importancia, recomiendo que esta siempre sea escrita palabra por palabra. Si falla aquí, al mero comienzo de su prédica, le aseguro que perderá la atención de la mayoría que le escuchan.

Ejemplo 1

Trasfondo: En una ocasión predicaba sobre la santidad —un tema que interesa poco, especialmente a la gente joven. En mi libreta de sermones quedan los puntos que usé para dar aquella enseñanza, pero la introducción estaba escrita palabra por palabra, como debiera ser:

Esta mañana, antes de dar mi sermón, quiero hacerles una prueba. Después de cada oración, por favor, indiquen si es verdadera o falsa, levantando la mano derecha si la declaración es correcta, y levantando la izquierda para las falsas. Escuchen con cuidado:

1. Para ser una persona santa uno tiene que ser viejo, leer la Biblia una hora por día y pasar tres horas en oración. ¿Verdadero o falso?
2. Para ser una persona santa uno no puede vivir en una casa lujosa, ni tener mucho dinero en el banco, ni andar en un Mercedez Benz.
3. Para ser una persona santa uno se tiene que casar con una mujer fea, que se vista como la gente del siglo pasado, y que tenga el pelo largo.
4. Para ser una persona santa uno no puede ser rico, ni ser un deportista profesional, ni vestirse a la moda.

5. Para ser una persona santa uno tiene que retirarse del mundo, irse a un lugar apartado (donde no haya televisión) y dedicar todo su tiempo a leer la Biblia y orar.

Ahora, mantenga estos valores en mente, y vayamos 1 Pedro 1.14-21 para ver lo que la Palabra de Dios establece como bases para la santidad.

Nótese que esta introducción de una forma muy sencilla cumple el propósito homilético. Las preguntas de la introducción logran:

a) interesar al público en el tema
b) obligar al público a analizar sus opiniones sobre el tema de la santidad
c) interesarles en cómo la Biblia define lo que es la verdadera santidad.

En segundo lugar, observe que una «ilustración» no es necesariamente un relato. En las declaraciones 1 al 5 se «ilustra» lo que **no** es la santidad. Se hace sencillamente con declaraciones que obviamente son falsas. En otras palabras, una ilustración representa el mecanismo que un predicador usa para interrumpir lo que se está diciendo con el fin de aclarar, explicar, definir, enfatizar o llamar la atención a un punto importante que quiere hacer. Como predicadores queremos evitar mal entendidos, queremos hablar claro.

Ejemplo 2

Trasfondo: Digamos que el tema escogido es: «**MÁS QUE VENCEDORES**». El pasaje bíblico de fondo es Romanos 8.31-39. ¿De qué manera se puede captar el interés de los que llegarán a escuchar? Para que haya una victoria primero tiene que haber una lucha, una tentación, algún problema grande. Nos ponemos, entonces, a buscar algo que de inmediato nos muestre un problema que demande una solución dramática.

¿Qué les parece el relato siguiente como introducción al sermón titulado: «Más que vencedores»?

¿Has llegado esta mañana a la iglesia con una serie de problemas que no sabes cómo resolver? La realidad es que nuestros problemas individuales parecen ser muy grandes hasta que los comparamos con los de otros. Pensemos del pueblo de Israel cruzando el desierto por 40 años —se calcula que había dos millones entre hombres, mujeres y niños. Piense en el problema que tuvo Moisés para abastecer sus necesidades diarias:

Dar de comer a 2 millones requiere mucha comida. Unos investigadores en materia de estrategia militar hicieron el estudio y nos dan los siguientes cálculos:

- Moisés tendría necesidad de un total de 1,500 toneladas de comida por día.
- Para cargar esa cantidad de comida llevaría dos trenes, cada uno de kilómetro y medio de largo.
- Ya que estaban en el desierto, para cocinar esa comida necesitarían leña: 4,000 toneladas al día (varios trenes más, cada uno de kilómetro y medio de largo).
- También necesitaban agua para beber, lavar algunos trastes y bañarse ocasionalmente. El ejercito calculó 11,000.000 de galones por día.
- Se necesitaría un tren de 2,500 kilómetros de largo diariamente para abastecer esa necesidad.
- Piense solamente en lo que llevaría cruzar el Mar Rojo en una noche. Si cruzaron en una sola fila, hubieran necesitado una fila de 1,000 kilómetros de largo durante 35 días. Para cruzar en una noche, la brecha en el mar hubiera necesitado ser de 4 kilómetros de ancho para poder facilitar a 5,000 cruzar pecho a pecho.
- Otra consideración. Para que acampara tanta gente en un sitio cada noche, era necesario encontrar un área del tamaño de cualquier ciudad cosmopolita latinoamericana.

¿Cree usted que Moisés tenía todo esto arreglado y planificado antes de salir de Egipto? Imposible. Dios fue el que se preocupó de estas cosas.

Ahora, si para un pueblo entero Dios fielmente suplió todas las necesidades que tenían, ¿cree usted que Él tiene alguna dificultad en suplir las necesidades de un solo individuo?

Creo que la ilustración sirve para mostrar a los que están en la congregación que hay un Dios que nos hace más que vencedores. ¿Cómo seguir? Pues estableciendo el ambiente con la ilustración, se va directamente al primer punto de su mensaje para que la congregación conozca «El Dios que está a nuestro favor», v. 31.

Ejemplo 3

Trasfondo: Fui invitado a predicar a un grupo de jóvenes hace algún tiempo. Así que decidí hablarles sobre el tema: **LO QUE DEBE CREER CADA JOVEN CRISTIANO,** y escogí como texto lo que algunos llaman «la confesión binaria» de 1 Corintios 8.6: *Para nosotros, sin embargo, sólo hay un Dios, el Padre, del cual proceden todas las cosas, y nosotros somos para él; y un Señor, Jesucristo, por medio del cual son todas las cosas, y nosotros por medio de él.*

¿Cómo interesarles en este gran credo paulino? Recordé un libro de Ravi Zacharias[4] donde se da un credo moderno escrito por la señorita Dorotea Sayers. Ella piensa que este credo refleja los conceptos mayoritarios de los jóvenes de hoy:

Creemos en el «MarxFreudDarwinismo».

Creemos que todo es bueno con tal de que no hiera al prójimo, según nuestra mejor definición de lo que significa *lastimar*, y de acuerdo a nuestros mejores conceptos.

---

4. Este credo fue publicado en el libro de Ravi Zacharias, *¿Puede el hombre vivir sin Dios?*, Word, pp. 42-43.

Creemos en el sexo antes, durante y después del matrimonio.

Creemos en la terapia que recibimos cuando pecamos.

Creemos en el gozo del adulterio y que no hay nada malo en la sodomía.

Creemos que los tabúes son otro tabú.

Creemos que todo está en proceso de mejoría,
a pesar de las evidencias al contrario.
Esta merece ser investigada.
Pues con los datos uno puede comprobar cualquier cosa.

Creemos que hay algo de cierto en los horóscopos, y también en los ovnis.

Creemos que Jesús era un hombre bueno, así como lo fue Buda, Mahoma o nosotros. Él fue un gran maestro moralista, aunque pensamos que lo que se considera *buena moral* es en realidad mala.

Creemos que todas las religiones son básicamente iguales.

Todas creen en el amor y en ser buenos.

Solo difieren en asuntos de relativa importancia como la creación, el pecado, el infierno, en lo que es Dios, el cielo y la salvación.

Creemos que después de la muerte no hay nada —pues ningún muerto ha regresado para contarnos del más allá. Si la muerte no es el fin, y si acaso hay algo más allá de la tumba, ese lugar tiene que ser el cielo y por cierto todos iremos allá ...con la posible excepción de Hitler, Stalin y Genghis Khan.

Creemos en las conclusiones de Masters y Johnson:
lo que se elige siempre es algo que está a nivel promedio;
lo que está a ese nivel promedio es lo normal;
y lo que es normal es lo que es bueno.

Creemos en el desarme global.

Creemos que hay relación directa entre los armamentos y el derramamiento de sangre.

Todo el mundo ha de convertir sus espadas en arados, particularmente los de los Estados Unidos y Rusia.

Creemos que cada persona es básicamente buena,
que a veces su comportamiento es malo, pero eso es culpa de la sociedad.

La sociedad está llena de condiciones y requerimientos.

Todas esas demandas y leyes que se nos imponen tienen la culpa de las cosas malas que hacemos.

Creemos que cada persona debe encontrar la verdad que le parezca correcta.

La realidad se adaptará concordantemente,
También el universo se adaptará. Así cambiaremos la historia.

Creemos que no hay verdad absoluta, excepto la verdad que no hay verdad absoluta.

Creemos que todo credo debe ser abolido.

Creemos en el fluir ininterrumpido del pensamiento de toda persona, sea cual sea.

«¿Podría ser ese su credo?», pregunté al finalizar la lectura. Y continué introduciendo mi lectura bíblica, diciendo: «El credo mío es muy antiguo. Tiene aproximadamente 1940 años y, a pesar de lo viejo que es, creo que todavía sigue siendo el más moderno del mundo: Abran sus Biblia conmigo en el texto de 1 Corintios 8.6: *Para nosotros hay un solo Dios, el Padre, de quien proceden todas las cosas, y nosotros somos para él; y un Señor, Jesucristo, por quien son todas las cosas y por medio del cual existimos.*

Ejemplo 4

Trasfondo: En una ocasión se me pidió que diera un mensaje patriótico. Como es de esperarse, escogí como base bíblica Romanos 13.1-7. El dilema era la introducción. ¿Qué podía encontrar para que toda la congregación se interesara en el tema y se diera cuenta de la importancia de ser buenos patriotas? Trabajé el pasaje de Romanos; hice mi bosquejo, pero a pesar de buscar algo para la introducción toda la semana, nada encontré que me satisfizo —para aquel entonces no había salido la película *El Patriota*, que seguramente hubiera servido como para sacar una magnífica introducción. Sin embargo, el periódico del viernes de esa semana vino a mi rescate. Allí en primera plana estaba mi introducción:

> En la escuela secundaria, North Kingston High School, del estado de Rhode Island, había tanta irreverencia durante el sonido del himno nacional que el director, Paul Rennick, estableció una regla, demandando total silencio mientras la banda del colegio lo tocaba. Seguramente la señorita Sara Sprague, de 17 años, con una voz hermosa y miembro del coro del colegio, sabía cuál era la nueva regla puesta por el director. Sin embargo, cuando la orquesta comenzó a tocar, ella no quiso mantener silencio. Para la alegre satisfacción del estudiantado, y en total desafío al director, se puso a cantar a toda voz el himno nacional. Como es de suponerse, esto trajo el acompañamiento de risas y los silbidos de sus compañeros de clase, creando más irreverencia que nunca. Imagínese el dilema del director. Mandó a que de ahí en adelante la señorita Sprague quedara en cuarentena en la oficina de él mientras se tocara el himno. El problema mayor fue que la noticia llegó al periódico, que formó un gran escándalo en el pueblo haciendo la pregunta: ¿Cómo se le puede prohibir cantar el himno nacional a un patriota?
>
> [Luego de contar el relato, dije:] Esta mañana he pedido que cantemos el himno nacional, después del cual quiero considerar una sola pregunta: ¿Qué significa para usted este himno?

Otra vez vemos que la introducción —en esta ocasión un relato— cumple su propósito: capta la atención, hace resaltar una necesidad (el patriotismo), orienta en cuanto al contenido del sermón, declara el propósito del mensaje e invita a la audiencia a responder a ese propósito.

Un par de observaciones adicionales y seguimos considerando el uso de las ilustraciones en el cuerpo del sermón. La primera es la manera en que se *introduce* la introducción. La mejor regla es que se cuente la historia sin preámbulos. No hay que decir dónde la encontró, ni bajo qué circunstancias, sencillamente entre directamente al relato o a lo que ha preparado. En segundo lugar, dada la importancia de la introducción (ya hemos mencionado que se debe escribir palabra por palabra), léala en voz alta hasta que tenga la inflexión correcta, los gestos naturales, y hasta aprenderla de memoria. No se avergüence leyendo algo que debe ser contado al comienzo del sermón.

4. El cuerpo del sermón

Ya dijimos que hay tres puntos o divisiones que saltan naturalmente del texto, y que bajo cada uno de ellos hay varios subpuntos que ayudan al predicador a desglosar el texto. No nos corresponde en este escrito explicar la manera en que se dividen los textos y se crea un bosquejo, lo que nos importa es de qué manera usamos las ilustraciones en el cuerpo principal de un sermón.

Primero, tenemos que comprender que hay que usar las ilustraciones en los lugares apropiados, en los momento correctos, y con fines determinados. En otras palabras, no colocamos un relato, ni contamos una historia, ni interrumpimos un pensamiento al azar. Todo tiene su lógica. Dice Ramesh Richard:[5]

El propósito de las ilustraciones es para ilustrar. Es un error usarlas para alargar el sermón. Ellas se usan para derramar luz, no para prolongar. Hacen que lo que se predica sea entendible, pero no deben ser el punto focal del sermón. Tampoco se utilizan las ilustraciones para entretener (aunque tengan cierto valor recreativo), sino que son para ayudar a la audiencia comprender el contenido, o a los reclamos hechos. Cuando encontramos una ilustración poderosa, somos tentados a forzar el sermón alrededor de ella. El resultado es que el sermón entonces toma el rumbo de la ilustración, y la audiencia sale del servicio recordando la ilustración en vez del mensaje.

Digamos que estamos predicando sobre el tema de 1 Juan 2.15, ¡No améis al mundo! Ya hemos dado la introducción y estamos en el primer punto:

I. ¿Cómo definimos esa palabra mundo?

En este primer punto se explica que se puede tomar la palabra *mundo* en un sentido «literal», es decir, el planeta y todo lo que Dios ha creado. También se puede pensar en el *mundo* en sentido «metafórico». El primer concepto, mundo como planeta, es fácil, no hay que explicarlo, todos lo comprenden. Pero al introducir la idea de *mundo* en sentido «metafórico» hay que dar una explicación. Es aquí, con el propósito de aclarar, que se introduce la ilustración, como por ejemplo: Cuando era chico, por las cosas que había escuchado del púlpito, pensaba que *el mundo* eran los cigarrillos, la bebida, el cine y la pintura. Ahora que he tenido la oportunidad de conocer y estudiar algo, me doy cuenta de que *mundo* tiene muchos sentidos. Por ejemplo, podemos hablar del mundo de Hollywood (ese de las películas, artistas, junto con su modo de vivir), o podemos hablar del mundo Europeo (pensando en Londres, París, Roma, Berlín y cómo se vive en esas tierras), o podemos hablar del mundo moderno (las modas, el dinero, las industrias, las formas de entretenimiento, las guerras, lo que ocupa la mente y el interés de los hombres). Es

5. Ibid., p. 125.

decir, ya el mundo no se concibe en términos de planeta; no se concibe en términos infantiles y simplistas; ahora lo vemos en términos de una forma humana de vivir.

[Aquí seguimos con el sermón, asociándolo con la ilustración que acabamos de dar:] Para llevarlo un paso adelante, necesitamos pensar en términos bíblicos, necesitamos comprender a este mundo nuestro dentro de los conceptos espirituales. Les doy la siguiente definición: El *mundo* al que se refiere el apóstol Juan es *todo ese sistema de existencia que ha creado el hombre, cuyo príncipe es Satanás, en oposición al o en sustitución del reino de Dios.* Pensando en estos términos, leamos el versículo 15 de nuevo: *No améis al mundo ni las cosas que están en el mundo. Si alguno ama al mundo, el amor del Padre no está en él.* Es decir, hay una forma, un estilo de vida que el hombre puede amar que no viene de Dios, y que es odiado por Dios. Por ejemplo [es muy posible que al ver la reacción de la congregación, usted se dé cuenta de que todavía no captan la idea bíblica de *mundo*, entonces puede dar otra ilustración]:

En el periódico del martes salió un artículo sobre un barrio lleno de drogas y drogadictos. Hablaron de cómo viven, los crímenes que cometen, los vicios terribles a los cuales se han entregado, incluyendo la prostitución y el alcoholismo. Por lo que dice la prensa, ese barrio es un mundo de perdición, y ay del joven que se asocia a ese estilo de vida.

[Entonces siga con su prédica] Yo no amo ese mundo lleno de drogadicción, no quiero que mis hijos estén metidos en él. Y eso es precisamente lo que nos está diciendo el Señor, cuando habla del mundo pecaminoso que nos rodea. El problema nuestro es que hay muchas cosas que nos gustan de este mundo. Eso conduce al segundo punto:

II. ¿Por qué nos atrae el mundo?
Veamos el versículo 16: *Porque todo lo que hay en el mundo,*

los deseos de la carne, los deseos de los ojos, y la vanagloria de la vida, no proviene del Padre, sino del mundo.

Nótese que Juan nos da tres áreas del mundo, tres cosas particulares que nos atraen, lo cual nos distancia de Dios. [Al predicar , debemos tener mucho cuidado de diferenciar entre lo que no es pecaminoso en el mundo y lo que sí es.] Ejemplos:

A. Los deseos de la carne

Se tiene que explicar cuál es el sentido de la palabra «carne» y cómo distinguir entre deseos legítimos, como la comida, de aquellos deseos carnales perversos, como el sexo ilegítimo. [Esto se puede hacer tanto con declaraciones claras o por medio de ilustraciones (relatos, incidentes, etc.) o una combinación de ambos.]

B. Los deseos de los ojos

No olvide que hay dos mundos: el mundo del reino de Dios que se vive aquí en la tierra, y el otro mundo, el que es contrario a Dios. Por esto tenemos que definir los términos con claridad, y no confundir a nuestros oyentes. Por ejemplo, uno de los deseos de los ojos míos es leer y estudiar la Palabra de Dios, otro es ver crecer al pueblo de Dios. Necesitamos ver el gran contraste que hay entre estos dos mundos, el de Dios y el de la carne. Fíjese que la admonición del apóstol es «no amar» —entregarse locamente a aquello que nos aleja de Dios. Hay cosas de este mundo que podemos disfrutar —estas son las cosas puras, las que no son pecaminosas. Pero siempre tenemos que recordar que lo que nos distancia de Dios jamás puede ser amado. [Se puede dar una ilustración, es decir, un relato de alguien bendecido con riquezas, que poco a poco se fue apartando de Dios al atender sus negocios en lugar de atender a lo de Dios.]

C. La vanagloria de la vida

[Aquí tratamos todo aquello que da sentido a nuestra vida.] Algunos viven para hacerse famosos, ganar mucho dinero, tener la mejor casa o auto del barrio, en lugar de vivir para lo que es eterno. ¿Conoce gente que locamente se han entregado a buscar los beneficios del mundo para perderlo todo? [Cuente acerca de uno, pues allí tiene su ilustración perfecta.]

III. ¿Por qué rechazar el mundo?

Veamos el versículo 17: *Y el mundo pasa, y sus deseos; pero el que hace la voluntad de Dios permanece para siempre.*

A. El mundo pasa

[Para buscar una ilustración, piense en aquellas cosas que ya no importan, que van pasando. Con unos minutos de concentración ciertamente podrá hallar varias.]

B. Los deseos pasan

Es interesante reconocer que nuestros apetitos cambian con el tiempo. [¿Cómo? ¿Cuáles? Explique cómo difieren lo apetitos de un joven con los de una persona de mediana edad y, al hacerlo, ciertamente hará uso de buenas ilustraciones.]

Conclusión

[Yo preservaría la última frase para mi conclusión.] *El que hace la voluntad de Dios permanece para siempre.* Si se piensa un poco, podremos recordar a algunos fieles cristianos que le han dado la espalda al mundo a fin de vivir para Dios. Ahí tiene su ilustración perfecta.

Ya que en el próximo renglón trataremos el tema de la conclusión, lea con cuidado lo que sigue. Para una efectiva conclusión tiene que hacer más que simplemente contar una buena historia.

5. La conclusión

Cada sermón debe contener tres elementos: 1) Presentación de la Palabra; 2) Explicación de la Palabra; 3) Conclusión o aplicación de la Palabra.

Aunque se puede ir haciendo durante todo el sermón, la *aplicación* normalmente se hace al final. Solo cuando la gente se da cuenta de que el pasaje bíblico tratado es para ellos y debe operar realmente en sus vidas, es que el sermón se ha completado. Al no ser así, ¿qué valor tiene su predicación? La gente sale de la iglesia sin que se les haya dado la Palabra de Dios. Y Palabra de Dios es lo que más se necesita hoy.

Hay varias preguntas indispensables que el predicador tiene que hacerse al preparar su sermón:

a) ¿Para qué predico este sermón?

b) ¿Qué tiene que ver la porción bíblica leída con la gente que lo escucha?

c) ¿Cómo quiero que la audiencia reaccione a la explicación del mensaje que he hecho?

d) ¿Qué acción quiero que tomen?

Sin dar respuestas a estas preguntas usted no tiene un sermón; quizás dé una charla, o un discurso, un ensayo, pero no ha predicado. ¿Cómo, entonces, se prepara la conclusión?

El muy destacado profesor de homilética, el Dr. Haddon Robinson, al tratar el tema usa una interesante analogía:

> Como lo sabe un piloto experimentado, hacer aterrizar un avión requiere una concentración especial; así también un predicador capaz sabe que la conclusión requiere una tremenda preparación. Como el piloto, el predicador habilidoso nunca debiera tener dudas respecto de dónde aterrizará su sermón... El propósito del sermón es concluir, no simplemente terminar. Tiene que ser más que un medio para salir de una situación: «Que Dios nos ayude a vivir a la luz de estas verdades.» Tiene que ser más que pedir a la congregación que se incline en oración ... tiene que concluir, y el sermón tiene que producir

un sentido de finalidad. Como el abogado, el ministro pide un veredicto. La congregación tiene que poder ver la idea completa, y saber sentir qué es lo que Dios le demanda de acuerdo con la misma. Directa o indirectamente la conclusión responde a la pregunta: «¿Estoy dispuesto a permitir que Dios traiga este cambio a mi vida?»[6]

El Dr. Robinson entonces muestra algunas maneras en que se prepara una buena conclusión (le doy las cabeceras y añado unos comentarios propios):

Un resumen

De una forma que no luzca repetitiva, sino más bien importante, vuelva a dar los puntos principales de su sermón, por ejemplo:

Esta mañana he procurado mostrarles que:
I.   El poder que necesitamos viene del Espíritu Santo
II. Ese poder nos da la habilidad para proclamar con claridad el evangelio
III. Ese poder nos lleva a los lugares donde Él desea que prediquemos

Como alguien que en verdad ama a Dios, ¿estás dispuesto en esta mañana a que ese poder de lo alto te llene? Con esa llenura, ¿te comprometes a proclamar fielmente el evangelio a tus vecinos, a tus compañeros de trabajo, a tu familia, y a todos aquellos que Dios ponga a tu lado? Con esa llenura, ¿estás dispuesto, si Dios te lo indica claramente, a ir a cualquier parte del mundo para proclamar estas nuevas de salvación? Tengamos unos momentos de oración en silencio. Si has estado dispuesto a buscar esa llenura divina con estos fines, quiero que pases al frente como indicación de tu obediencia a Dios.

6. *Op. cit.*, p. 170

Es decir, la conclusión cumple el propósito de repetir la esencia de lo predicado, pero llevándolo a la acción por parte de los que lo han escuchado. Es decir, se aplica la verdad anunciada en términos ineludibles a los corazones presentes, demandando respuesta. Una advertencia, el predicador debe sentir en su corazón que Dios le está llevando a demandar tal tipo de respuesta. Hay muchas invitaciones que son meramente del predicador y no de Dios. Las que hace el predicador son por lo general emocionales y temporales; las que hace Dios duran y se cumplen.

Una ilustración

Este domingo pasado prediqué sobre *Las dos mujeres del Apocalipsis* (usé los capítulos 12 y 17 como base para mi sermón). La primera mujer es la Iglesia de Cristo llamada a sufrir a causa de su nombre; la segunda es la religión falsa que de forma llamativa nos invita a gustar de todos los placeres ofrecidos por el mundo contrario a Dios. ¿Cómo concluir el sermón?

Como había pasado la semana trabajando en este libro, me vino a mente la ilustración que usé para introducir este capítulo seis: El chimpancé con sus dos palanquitas, escogiendo entre la satisfacción sensual de nutrir el centro de placer o escoger la que daba vida, el banano.

Luego de contar el experimento, propuse ante la congregación que todos nosotros también tenemos dos palancas: una, ceder a los apetitos tan llamativos que nos ofrece la mujer ramera llamada Babilonia, o decidir unirnos a la Mujer, Novia del Cordero, destinada a la gloria eterna de la Nueva Jerusalén. Concluí diciendo: «Allí en tu corazón tienes que escoger cuál palanca empujar —la que te dará satisfacción ahora, o la que te priva de placeres falsos ahora, pero luego te da la vida eterna con Cristo. La decisión es tuya. Escoge con mucho cuidado, mirando por favor, cómo es el fin de la mujer ramera y cuál es el fin de la Novia del Cordero. Te suplico: Desecha la palanca del placer. Únete a mí. Empuja la palanca que te da el *banano* —la vida eterna».

Una cita

Digamos que predicó un sermón sobre el Salmo 1 contrastando al hombre bienaventurado con el impío. Ha citado a grandes científicos que niegan a Dios, a la vez que a grandes hombres de la historia que pusieron su fe en el humilde Nazareno. De lo profundo de su corazón ha dado los argumentos a favor de Dios y la necesidad de confiar en Él. ¿Cómo va a llevar el mensaje a una feliz conclusión? Le sugiero citar a Amado Nervo (mexicano, 1870-1919):

¡Oh Dios mío...
Si la ciencia engreída no te ve, yo te veo;
Si sus labios te niegan, yo te proclamaré.
Por cada hombre que duda, mi alma grita: «Yo creo»
¡Y con cada fe muerta, se agiganta mi fe!

Estimado amigo que me escuchas, de lo más profundo de mi alma te ruego: ¡Pon tu fe en Dios!

Una pregunta

Sin duda, esta es la manera más fácil de concluir un sermón. A su vez es muy efectiva. Sencillamente se le hace a la congregación dos o tres preguntas acerca de lo que han escuchado en el mensaje. Por ejemplo,

   a) ¿Qué cree usted acerca de la responsabilidad de llevar un inconverso a la iglesia?
   b) ¿Debe una iglesia dejar que predique y que ejerza cierta autoridad?
   c) De los textos tratados, ¿Cree que hay una postura moderna que el eterno Dios no consideró cuando la Biblia se escribió hace tantos siglos?
   d) ¿Qué postura cree usted que debemos tomar esta iglesia ante lo que enseña la Biblia en cuanto a un neófito?

Como puede verse, cuando se unen varias preguntas —una sobre la otra— refuerzan el argumento tratado.

Dice Ramesh Richard:

La conclusión es la parte final de un sermón, por lo tanto debe ser el clímax de lo dicho. En la conclusión el predicador repite o vuelve a dar en otras palabras el propósito central del sermón para que los oyentes puedan reenfocar su pensamiento en lo que Dios espera de ellos. La conclusión tendrá dos factores o elementos principales, cohesión y resolución. *Cohesión:* la audiencia escucha en breves y concisas oraciones los puntos importantes del mensaje repetidos. *Resolución:* la audiencia ahora puede reconocer que el propósito del mensaje fue alcanzado.[7]

Comentarios finales

Como dice Bryan Chapel, presidente del Seminario Teológico del Pacto, en Saint Louis: Nuestras mentes necesitan la explicación de lo que la Biblia dice para que sepamos que hemos captado los pensamientos y las normas de Dios. Nuestros corazones necesitan las ilustraciones que puedan tocar nuestras emociones o alumbrar nuestras imaginaciones para mostrarnos que nuestro Dios no es un ser frío y lleno de ideas abstractas. Necesitamos aplicación para poder tener la confianza de que actuamos de acorde con la voluntad de Dios, o de que nos falta ajustar nuestra forma de vivir para seguir correctamente en sus caminos.

El que quiere ser un buen predicador tiene que aprender a buscar todo tipo de ilustraciones, aquellas que hacen lucir su prédica. En una ocasión el presidente Abraham Lincoln dijo:

> Dicen que cuento muchos relatos, y es cierto. Es que he aprendido al pasar de los años y de la larga experiencia que la gente promedio capta su sentido fácilmente, y por medio de las ilustraciones aprenden mucho más de lo que quieren admitir los que me critican, por lo tanto no me importa lo que digan de mis cuentos.

Las ilustraciones, sean estas graciosas o serias, son sencillamente herramientas con las cuales martillamos verdades en las

7. *Op. cit.,* p. 131

mentes de los que nos escuchan. Representan el mejor medio que tenemos para enseñar las grandes verdades que Dios nos ha dado. Al recordar las anécdotas, el público las asocia con las grandes verdades divinas, y se las lleva atadas a su corazón.

Capítulo 7

¿Por qué necesitamos buenos predicadores hoy?

Nos oponemos a los que descargan domingo tras domingo un chorro de palabras sin peso espiritual.

SIETE
¿Por qué necesitamos buenos predicadores hoy?

¿Quién ha estado en el consejo del Señor
y oyó su palabra? ¿Quién ha prestado atención a
su palabra?
Mi pueblo es destruido por
falta de conocimiento.

Jeremías 23.18 y Oseas 4.6

En una visita que mi esposa y yo hicimos a la Argentina, unos amigos nos invitaron a una presentación cinematográfica producida originalmente en el país. La obra trataba del robo de una mina de diamantes —si mal no recuerdo. Los delincuentes fueron tan hábiles en su hazaña que la policía no pudo encontrar rastros ni huellas de ningún tipo para acusarlos, ni mucho menos para condenarlos como sospechosos. Para atraparlos, la fuerza pública se limitó a una vigilancia constante, esperando un descuido, algún tropiezo que los descubriera. La pista de la obra seguía uno por uno a los presuntamente culpables.

El primero fue atrapado por vender clandestinamente uno de los diamantes a un joyero que en realidad era un agente de la ley encubierto. Otro le hizo confidencias a su novia, contándole detalles de su delito; por supuesto, ella lo delató. El tercer delincuente, consciente de que la policía usaba toda la astucia a su alcance para crear las circunstancias de modo que cayera en sus trampas, determinó que de ninguna manera lo iban a descubrir. Ese secreto y ese tesoro lo protegería con toda la habilidad que poseía.

Lo que más temía este último ladrón era decirle algo a un amigo, además pensaba que, quizás bajo tortura, la policía lo forzara a hablar, o aun por medio de drogas o químicos inyectados en un interrogatorio lo hicieran confesar su culpa. Así que fue a la cocina y tomó un cuchillo. Lo afiló y, sacando su lengua con una mano, se la cortó.

Mi señora y yo nunca supimos el fin de la historia, pues con las gotas de sangre que brotaron de la boca del presunto delincuente, salimos corriendo del salón.

El problema de las palabras sin sentido

Observarán que quiero tocar el tema de algo que algunos, jocosamente, llaman el *bla, bla, bla* de los predicadores. Es cierto que hay unos que desde el púlpito descargan domingo tras domingo un chorro de palabras sin peso espiritual —en Norte América llaman a esto ¡verborrea! Tenemos que admitir, la mayoría de nosotros los predicadores, que podemos recordar ocasiones cuando fuimos culpables de tales descargas ineficientes desde el púlpito.

Conozco a muchos pastores, sin embargo no sé de uno que se haya cortado su lengua por temor a decir lo que no debía desde su plataforma. Es interesante observar que Jesús nos dice que por nuestra propia boca nos estamos condenando (Mt 12.36). Quizás con un sermón habremos cumplido algún requisito eclesiástico dominical, pero ¿le habremos faltado a Dios y a nuestra congregación hablando vanidades? Si nos hemos parado livianamente ante el pueblo de Dios merecemos el reproche de Jeremías:[1]

¿No es mi palabra como fuego, dice Jehová, y como martillo que quebranta la piedra? Por tanto, he aquí que yo estoy contra los [pastores], dice Jehová, que hurtan mis palabras [se roban los sermones] cada uno de su más cercano. Dice Jehová: He aquí que yo estoy contra los [pastores] que endulzan sus lenguas y dicen: Él ha dicho. He aquí, dice Jehová, yo estoy contra los que profetizan sueños mentirosos, y los cuentan, y hacen errar a mi pueblo con sus mentiras y con sus lisonjas, y yo no los envié ni les mandé; y ningún provecho hicieron a este pueblo, dice Jehová.

El problema de los mensajes preferidos

Esa Palabra divina, que como martillo divino puede descender en cualquier lugar para quebrantar las piedras más duras, si es ignorada por nosotros los predicadores, si es mal usada de manera que pierde su efecto, ¿qué nos dirá el Señor? Seguramente descenderá sobre nosotros mismos por no haber estudiado debidamente, por no haber tomado el tiempo necesario para aplicar esa Palabra al mundo encadenado en sus pecados. Cuando nuestra lengua inventa y proclama lo que no ha venido de Dios, como si hubiera sido de Él, entonces viene la denuncia divina. No hemos cumplido con nuestro potencial, no hemos aprendido a guardar nuestra lengua para no decir falsedad. En lugar de cortarnos la lengua (hablamos figurativamente), lo que ha salido de nuestra boca ha sido un río de palabrería con cuestionables repercusiones.

Sé de lo que hablo. Hace poco me invitaron para dar un devocional a los empleados de una compañía cristiana. Acepté la invitación y, sin mucho pensar, saqué de mi archivo «un mensajito» que opiné sería apropiado, sin darle más importancia. Fui, pero mi lengua me denunció: le fallé a Dios, le fallé a la

---

1. Jeremías 23.29-32.

empresa que me había invitado, y les fallé a los empleados que asistieron esperando oír algo especial de labios de un ministro del evangelio. ¿Cómo les fallé? Pensando que un sermón viejo serviría, que no era necesario pasar tiempo preparándome, asumiendo que mi archivo podría satisfacer aquella oportunidad, fui en nombre de mis fuerzas y con mis propias palabras. No les llevé una palabra de Dios. Fui y cumplí mecánicamente, pero olvidándome de quién era (una persona llamada por Dios para declarar su mensaje).

Malaquías, en su profecía, denuncia a los pastores precisamente por la manera liviana en que a veces ejercen su servicio a Dios. Seguro es que cuando como pastores comenzamos a permitir imperfección en nuestro trabajo y ministerio, esa imperfección se convierte con facilidad en hábito. Dios demanda arrepentimiento y temor, de manera que eso nos impide servirle indignamente. Consideremos la denuncia del profeta:[2]

> Si yo soy Señor, ¿dónde está mi reverencia, oh sacerdotes que menospreciáis mi nombre?, os ha dicho Jehová de los ejércitos. Vosotros decís: ¿En qué hemos menospreciado tu nombre? En que ofrecéis sobre mi altar pan indigno. Pero diréis: ¿Cómo es que lo hemos hecho indigno? Pensando que la mesa de Jehová es despreciable. Porque cuando ofrecéis un animal ciego para ser sacrificado, ¿no es eso malo? Lo mismo, cuando ofrecéis un animal cojo o enfermo. Preséntalo a tu gobernador. ¿Acaso se agradará de ti? ¿Acaso se te mostrará favorable?, ha dicho Jehová de los ejércitos.

Igual lo hizo Ezequiel en su día (Ez 13.8). Por tanto, como pastores necesitamos evaluar nuestra palabras para estar seguros de que no «*hablamos vanidades*». Necesitamos criticarnos a nosotros mismos para no ser «*pastores que destruyen y dispersan*

---

2 Malaquías 1.6-9.

las ovejas [del] *rebaño»* (Jer 23.1). Al no tener mensaje de Dios, temamos la tendencia de sustituir con palabras vacías lo que Dios hubiera querido que su pueblo oyera. Hemos sido llamados para dar al pueblo de Dios contenido espiritual, para dar dirección correcta e instrucción divina al pueblo.

El problema de la modernización de nuestro mundo

En los próximos párrafos, para enfatizar la importancia de ensalzar esta poderosa Palabra de Dios en nuestros sermones, quiero tomar unas ideas que salen de un análisis que hizo el teólogo David F. Wells de Gordon-Conwell Seminary en su libro *Losing our Virtue*[3]. Pudiéramos opinar que introduzco material que no tiene nada que ver con la predicación, y mucho menos con el tema de este libro: *Cómo ilustrar sermones*. Al contrario, tomaré el espacio necesario para hacer ver la íntima relación que existe entre nuestra cultura y la gran necesidad de sermones que lleguen a los creyentes con impacto y poder.

Wells analiza al continente norteño. A su vez, de lo que él nos dice yo buscaré algunos paralelos que hay con nuestra cultura latina. Tomaré esas semejanzas para rehacerlas y aplicarlas a nuestro mundo hispano. Aclaro que el génesis de los conceptos vienen de Wells, no son míos, aunque al repetir sus conceptos usaré experiencias personales para mostrar parentescos. Mi esperanza es que este estudio nos ayude a comprender por qué la Iglesia ha cambiado tanto —incluso el contenido de la predicación— en estos últimos 20 años.

En una escala sin precedentes estamos viendo el nacimiento de una cultura mundial nueva. Esta cultura no viene como resultado de conquistas, como sucedía en el pasado, sino ahora de lo que llamamos *urbanización*. Por ejemplo, cuando inicié mi

---

3 David F. Wells, *Losing Our Virtue* [La pérdida de nuestra virtud], Eerdmans, Grand Rapids, Michigan, 1998, pp. 23-30.

ministerio en Cuba en 1953, el ochenta por ciento de la gente en nuestro mundo latinoamericano vivía en el campo. Ya, para fines de este siglo, ese mismo porcentaje vive en las ciudades —y somos manejados por el capitalismo, es decir, producimos efectos mercantiles o prestamos servicios (mecánicos, vendedores, secretarias, etc.) que son básicos para la vida moderna. A su vez, apreciamos todos los adelantos e inventos que nos ha traído el capitalismo. Sabemos que los sistemas de nuestro mundo capitalista no podrían funcionar adecuadamente a no ser por el avance fenomenal de la tecnología, por ejemplo, la computadora. Pero en cosas e inventos no se ha detenido nuestra sociedad. ¿Se ha puesto a pensar en los cambios sociales —y morales— producidos por el invento del automóvil? La autonomía, la independencia y las posibilidades que solo ese invento nos ha dado.

La tecnología también está transformando nuestro mundo por medio de las comunicaciones. La televisión nos muestra cómo viven, hacen y piensan los que viven en otros continentes —reduce el mundo y nos lo mete en la misma sala. La televisión no solo nos muestra costumbres e ideas nuevas, modos distintos de vivir y pensar; nos va moldeando poco a poco e insistentemente a formar parte de esa nueva cultura universal. Es decir, nos convence de lo correcto y conveniente que es nuestra cultura. Cuando nos damos cuenta de que la persona promedio ve cinco horas de televisión al día, nos percatamos de su potencia para cambiarnos. Ahora llega el Internet que nos permite conversar e intercambiar directa e instantáneamente con cualquiera, no importa donde sea que viva en este globo terrestre.

Las ciudades en que vivimos también cambian la manera en que pensamos acerca del mundo. Allá en el campo nos conocíamos todos. Si no nos gustaba una familia, la hacíamos de lado. Pero hoy en la ciudad, dado que la gente vive encima una de la otra en esos gigantescos apartamentos, o las casas están aplastadas unas contra las otras, no hay manera de eludir a los vecinos. Es interesante ver que un número creciente de ellos vienen de otros países, con nuevas costumbres, comidas y con nuevas y peculiares creencias. Ya que nuestra religión es distinta a la de ellos y las normas y los tratos distintos —¡para no ofender!— comenzamos a vivir privadamente nuestra propia religión. Así mismo esperamos que ellos vivan su religión en la privacidad, pues lo de la creencia de uno debe ser algo personal y privado.

¡Ajá! Sin que nadie nos lo enseñe, hemos adoptado el *secularismo:* extraer del vivir público cualquier cosa que tenga que ver con Dios y la piedad. El problema es que al no ser pública nuestra vida espiritual, pronto ni en privado la vivimos.

Hace veinte años nadie pudo haberse imaginado el mundo como es hoy. Como estos llamados «avances» interactúan entre sí, y se alimentan mutuamente, pronto producen un mundo totalmente distinto al del pasado. Deténgase un instante y piense cómo vivíamos hace solo veinte años y los cambios radicales que hemos experimentado. Pocos se quedan para vivir en la misma ciudad toda la vida. La gente se muda con una facilidad y frecuencia nunca antes pensadas. Cambian de empleos. Cambian de cónyuge. Cambian de vestido. Se van a otra iglesia. Se cambian de moda. Lo que vale es lo nuevo; lo viejo se deshecha. Nada es permanente. Como que el «cambio» es la clave dictatorial para nuestra nueva modernidad, se llega a asumir (¿inocentemente? —quizás algunos hasta de manera inconsciente) que lo viejo no tiene valor: ni la vieja generación, ni los viejos valores, ni la vieja moral, ni la vieja iglesia, ni la vieja Biblia, ni el viejo Dios. Todo tiene que ser nuevo. Nada del pasado sirve. Y como que parte de nuestra vida nueva requiere deslealtad (para poder hacer tantos cambios), ideas de lealtad y fidelidad llegan a ser como cadenas que tenemos que romper.

Lo fascinante es que el hombre promedio, al pensar de este mundo nuevo y moderno, se cree que vive en la más civilizada generación que ha existido sobre la tierra. Mira los progresos de la medicina, los inventos de la industrialización, la increíble tecnología, la aviación con su facilidad de llevarnos tan velozmente a cualquier parte del mundo, mira los sistemas de comunicación desde la radio hasta la cibernética, y concluye que somos los más inteligentes, los más capaces, los más expertos, los más sabios, los superiores, los más felices de todos los que hasta aquí han vivido.

Miden la vida en base a parámetros cuantitativos en lugar de cualitativos. Se olvidan (quizás por no conocer la historia del mundo) que este moderno mundo ha eliminado la variedad para crear un mundo monótono. Por todas partes se toma la misma Cocacola, se visten los mismos jeans y camisetas, se luce la misma moda, se usan los mismos colores, se montan los mismos autos, aviones, barcos y trenes, se oye la misma música, se escuchan los mismos programas de radio (aunque en distintos idiomas), se ve la misma televisión, se disfruta de las mismas películas, se vive de la misma forma. Y hay aquellos que quieren hacer de la Nueva Era la religión mundial. ¿Se puede llamar toda esta monotonía «avance»? ¡A Dios gracias que no se come la misma comida... todavía!

El problema de la irreligiosidad de nuestro mundo

Somos la primera civilización importante de la historia que a propósito se establece sin fundamentos religiosos. Toda otra civilización importante —sea la islámica, la hindú, la católica, la protestante— siempre ha tenido una fuerte base religiosa. La civilización moderna hace alarde de ser irreligiosa. Por ejemplo, un creciente número de nuestra juventud moderna se jacta de no creer en absolutos morales. Es decir, no creen que el adulterio o la fornicación es pecado, ni que la mentira, ni aun el robo (aun si no perjudica a nadie) es malo. La conducta moral la establece el individuo de acuerdo a la situación, no la establece la Iglesia —ni mucho menos la Biblia.

Además, de que haya una verdad absoluta, universal, venida de Dios, es aceptado. Al contrario, tales conceptos son absurdos. Hay muchas verdades. Cada sociedad tiene su propia verdad. Nadie —ni nosotros los cristianos— tiene derecho de imponer sus reglas o sus creencias sobre otros, como si lo que ellos creen fuera la única verdad. Toda creencia tiene igual valor. Nadie puede pretender que haya una verdad que debe ser aceptada por todo hombre en todo lugar y en todo tiempo.

Al propagar este tipo de creencia, se ha creado un vacío espiritual en el mundo, pues no se puede levantar un concepto por encima de otro. Lo único aceptado como legítimo para todos es el placer. Disfrutar de la vida, gozar de la vida. No hay nada más para darle sentido a la vida, sino el placer. El único con el derecho de imponer algo es el estado, pues a través de los jueces y la policía se controlan los excesos.

Como se ve, al parecer la Iglesia ha perdido su poder para juzgar, para castigar y para imponer normas morales. Estos derechos han pasado al individuo y al estado.

El problema del mundo que invade nuestros hogares

La invasión que ha afectado a nuestro hogares ha sido insidiosa, aunque ciertamente no silenciosa. Efectuó su entrada el día en que compramos un televisor. Recuerdo, cuando joven, que se nos prohibía ir al cine, a veces con dichos insensatos, como: «Si vas al cine va a regresar Jesús en las nubes y allí en el teatro te dejará». Temblábamos al cruzar por el frente de un cine, sin ni aun atrevernos a leer los carteles pecaminosos, al contrario, mirábamos hacia arriba, al cielo, para ver si acaso Jesús se asomaba. Pero ahora, ¿qué ha pasado? Un aparato en el lugar más central de la sala proyecta exactamente las mismas películas —a veces algunas mucho peores— y ahí inmóviles las tragamos todas.

«Oh, incongruencia, ¡eres una joya!» decía el sabio Shakespeare, sin imaginar que nosotros los evangélicos seríamos los más incongruentes con nuestras reglas morales.

Ese aparato nos hace posible viajar por el mundo sin límites de distancia ni de idiomas. Nos abre la puerta al pensamiento más raro y a las costumbres más extrañas, al punto que ya nada nos parece ni raro ni extraño. A don Francisco lo hemos hecho más real y atractivo que a los vecinos del barrio, y a Sábado Gigante el entretenimiento más gustoso de la semana — preferible antes que el culto dominical. Ya, al ver cómo se visten (o dejan de vestirse) las chicas en la televisión, ese modo de vestir es el mismo que lucen nuestras hijas en las calles. Y la lujuria en los ojos de los hombres que las admiran, es la manera aceptable de ver al sexo opuesto.

En nuestros hogares, por medio de un simple aparato, ha penetrado el mundo, y lo tildamos de «avances técnicos». Por esa pantalla —y no desde el púlpito— fluyen los conceptos de moralidad, de conducta, de pensamiento, de modernidad. Ese pequeño aparato toma el pensamiento de la gente más impía —antidiós— del mundo y las filtra, pedacito por pedacito, a nuestras salas en maneras que las podemos saborear, masticar y digerir, sin darnos cuenta de lo lejos que están de Dios y su Santa Palabra.

Con un poder casi omnipotente nos dominan esas imágenes que destellan hora tras hora, día tras día. Nuestra frágil psiquis, bajo el peso de tanta información, rápidamente pierde su capacidad para discernir entre lo bueno y lo malo.

¿Qué posibilidad tiene el pastor, una vez a la semana, de contrarrestar toda esa falsedad en cosa de una hora? Lo que hemos estado viendo, escuchando y aceptando un promedio de ochenta y seis horas a la semana es tan persuasivo que, cuando oímos la verdad divina los domingos, nos es casi imposible reconocerla como verdad de Dios.

Bajo tal influencia, ¿quién gana? ¿Dios o el mundo?

Pregúntele a un joven cristiano promedio lo que opina acerca del divorcio. Hoy, para la mayoría es una opción aceptable, a pesar de que Dios dice que «odia» el divorcio (Mal 2.16). Pregúntele lo que opina del sexo fuera del matrimonio, diría que eso no es pecado, no importa lo que Dios dice. Pregúntele respecto a la mentira, el alcohol, la danza, las drogas, el placer y encontrará que para él todo es relativo, no hay una verdad absoluta. Pregúntele acerca de lo más importante en la vida, diría que es gozarse, disfrutar de la vida. Hoy, ¿a quién se le ocurre que lo más importante de la vida es agradar a Dios y buscar la voluntad de Él? La gran mayoría de las respuestas de la juventud cristiana moderna a las preguntas fundamentales de la vida es mucho más afín a lo que creen los no creyentes que a lo que enseña la Palabra de Dios.

¿Por qué esta exposición?

Simplemente para apuntar la increíble importancia de la predicación en nuestros días. Hace falta nuevamente estimular la reverencia ante el púlpito como el lugar central seleccionado por Dios para que sus santos escogidos hablen al pueblo. Hoy día ese púlpito está comprometido por mensajeros que Dios no ha llamado, por entretenimientos que Dios no ha ungido, por sustitutos que Dios no ha escogido como medios para hablar a su pueblo.

Necesitamos hombres de Dios, que cuando suban al púlpito nadie dude de que Él los ha enviado para hablar en su lugar.

Hombres autorizados por Dios, llenos de la Palabra de Dios, que con sabiduría y capacidad puedan para hacer volver el pueblo a Dios. Hoy día, ¿dónde están esos pastores?

Conclusión

Por tanto, pastores, oíd palabra de Jehová: Vivo yo, ha dicho Jehová el Señor, que por cuanto mi rebaño fue para ser robado, y mis ovejas fueron para ser presa de todas las fieras del campo, sin pastor; ni mis pastores buscaron mis ovejas, sino que los pastores se apacentaron a sí mismos, y no apacentaron mis ovejas; por tanto, oh pastores, oíd palabra de Jehová. Así ha dicho Jehová el Señor: He aquí, yo estoy contra los pastores; y demandaré mis ovejas de su mano, y les haré dejar de apacentar las ovejas; ni los pastores se apacentarán más a sí mismos, pues yo libraré mis ovejas de sus bocas, y no les serán más por comida.
Porque así ha dicho Jehová el Señor: He aquí yo, yo mismo iré a buscar mis ovejas, y las reconoceré. Como reconoce su rebaño el pastor el día que está en medio de sus ovejas esparcidas, así reconoceré mis ovejas, y las libraré de todos los lugares en que fueron esparcidas el día del nublado y de la oscuridad ... Yo apacentaré mis ovejas, y yo les daré aprisco, dice Jehová el Señor.
Yo buscaré la perdida, y haré volver al redil la descarriada, vendaré la perniquebrada, y fortaleceré la débil; mas a la engordada y a la fuerte destruiré; las apacentaré con justicia.
(Ezequiel 34.7-12, 15-16).

APÉNDICE
Acerca de las ilustraciones
Dr. Osvaldo Mottesi[1]

La ilustración[2]

Entre los materiales para la elaboración de sermones, este es uno de los recursos más importantes y necesarios para hacer de la predicación una comunicación eficaz. Según las estadísticas, el estudiante latinoamericano promedio durante sus años de escolaridad pasa ante las pantallas de cine o televisión quince mil quinientas horas, muchas más de las que pasa en las aulas de clase. El joven estadounidense se devora al año dieciocho mil páginas de historietas (comics). La venta y especialmente el alquiler de videocasetes alcanza proporciones imposibles de cuantificar a nivel mundial. La venta anual de discos sobrepasa

---

1. Osvaldo Mottesi, *Predicación y misión,* LOGOI, Inc., Miami, 1989, pp. 249-257.
2. Sobre este tema reconocemos las influencias recibidas a través de la lectura de James D. Robertson, *Ilustraciones para sermones y el uso de fuentes de consulta,* Rodolfo G. Turnbull (ed. gen.), *Diccionario de la Teología práctica: Homilética, op. cit.,* pp. 27-37, y F.D. Whitesell y L.M. Perry, *op.cit.,* pp. 67-76.

la astronómica cifra de los quinientos mil millones anuales en el mundo; número este superado por la venta de audiocasetes.[3]

Estamos viviendo cada vez más en una sociedad saturada de imágenes y sonidos. Experimentamos el paso acelerado de una civilización verbal a otra visual y auditiva. A esto se agrega lo que las ciencias de la comunicación y la educación han comprobado. Esto es, que captamos conocimientos a través de nuestros cinco sentidos, según los siguientes porcentajes: ochenta y cinco por ciento por lo que vemos, diez por ciento por lo que oímos, dos por ciento por lo que tocamos, uno y medio por ciento por lo que olemos, y uno y medio por ciento por lo que gustamos.

Es por ello que predicar exige un lenguaje pictórico. Las congregaciones están cada vez más habituadas a la imagen mental. *El uso del lenguaje abstracto condena la predicación al fracaso. Esto no es un problema meramente comunicativo, sino también teológico. No es solo que nuestros oyentes no entiendan o que les cueste demasiado seguir los argumentos puramente abstractos y por consiguiente se aburran y desconecten de la predicación, sino que nuestro Dios se revela a la humanidad a través no de abstracciones sino de personas y situaciones concretas de la vida diaria.* Las grandes afirmaciones de la fe cristiana nos llegan en forma de símbolos tales como la cruz, el bautismo y la santa cena. Nadie puede comunicar adecuadamente las verdades del evangelio sin hacer uso de alguna clase de imágenes que reflejen lo concreto. Somos desafiados, en esta generación alimentada en base a películas, saturada por la radio y bombardeada por ritmos frenéticos, a predicar vívidamente, transformando el oído en ojo, ilustrando, pintando cuadros que fijen gráficamente en

3 Estadísticas presentadas en la mesa redonda «Nuestras interrelaciones educativas», en el *Seminario de Medios de Comunicación Social* auspiciado por la UNESCO en Ciudad México, del 4 al 9 de diciembre de 1986.

la mente las verdades de Dios. Alrededor del setenta y cinco por ciento de las enseñanzas de Jesucristo en el Nuevo Testamento contienen algún tipo de elaboración pictórica. Predicar a través de imágenes, es decir, utilizando ilustraciones, es usar el método con el cual Jesucristo predicó y enseñó las verdades centrales de la fe cristiana.

Las ilustraciones pueden surgir de una sola palabra, una frase breve, una oración gramatical completa, o uno o varios párrafos. La extensión no es lo más importante, aunque la brevedad y precisión son virtudes de toda buena ilustración.

Por otra parte, la experiencia nos enseña que los predicadores que manejan un lenguaje claro, preciso y significativo tienen menos necesidad de recurrir a las formas más tradicionales de ilustración. Su propio lenguaje, lleno de figuras, se constituye en un constante material de apoyo. Para muestra, damos un ejemplo del predicador Cecilio Arrastía, maestro en cuanto al uso del lenguaje figurado: «Jesucristo es la esquina de la historia, donde Dios tiene una cita con el ser humano». Cultivar un lenguaje ilustrativo, pictórico, es hacer de toda la predicación una constante ilustración de nuestros temas.

Son numerosos y variados los tipos de ilustraciones útiles para la predicación que están a nuestro alcance. La mayoría pertenecen a géneros literarios que se encuentran en la Biblia. Luego de considerar las opiniones de diversos homiléticos al respecto, nuestra lista de tipos de ilustraciones, la cual es obviamente incompleta, nos ofrece nueve alternativas que consideramos válidas:

a. El símil lo constituyen palabras o expresiones de carácter pictórico. El símil afirma que una cosa es como la otra y consiste en la comparación directa que se hace entre dos ideas o realidades, por la relación de semejanza o similitud, que hay entre ellas en uno o varios de sus aspectos. Encontramos muchos ejemplos en el Antiguo y Nuevo Testamentos. Jesucristo utilizó constantemente el símil. Un buen ejemplo es: «¡Cuántas veces quise juntar a tus hijos, como la gallina junta sus polluelos debajo de las alas, y no quisiste!» (Mt 23.37).

b. La metáfora, que es la figura literaria por excelencia en la lengua española, consiste en palabras o expresiones que dicen que una realidad es la otra. Es decir, se traslada el sentido de una persona o cosa a otra en virtud de la relación de semejanza estrecha que hay entre ellas. Como en el caso de los símiles, las metáforas son numerosas en la Biblia y constituyen uno de los recursos retórico-literarios más utilizados para ilustrar en la enseñanza y predicación de Jesucristo. Para muestra, solo un par de ejemplos: «Yo soy el buen pastor, el buen pastor su vida da por las ovejas» (Jn 10.11); «Vosotros sois la luz del mundo» (Mt 5.14a). Es impresionante e iluminador el hecho de que en el sermón del monte podemos encontrar cincuenta y seis metáforas.

c. La analogía funciona, en la ilustración, sobre el principio de que realidades o situaciones que se asemejan en ciertos aspectos, lo harán también en otros. Esto no debe confundirse con la comparación. En la analogía solo hay similitud entre dos o más atributos, circunstancias, o efectos. El parecido es en forma proporcional. Por ejemplo, los filósofos antiguos, preocupados por el sentido total de la vida humana, al observar que la mariposa, viva y bella, emergía de una crisálida aparentemente muerta y poco atractiva, decidieron por analogía que el alma viviente del ser humano emergería en forma similar de su cuerpo muerto. Es decir, su observación de ciertas leyes naturales los llevó, a través del paralelismo analógico, a formular argumentos antropológicos. Por ejemplo, según Jesucristo, el acto de evangelizar es análogo al de pescar, y para Pablo, el evangelio es análogo a la dinamita. Con James Crane concordamos en que uno de los mejores, sino el mejor ejemplo del uso de la analogía en Jesucristo es: «Y como Moisés levantó la serpiente en el desierto, así es necesario que el Hijo del Hombre sea levantado, para que todo aquel que en Él cree, no se pierda, mas tenga vida eterna» (Jn 3.14-15).

d. La parábola es, etimológicamente, la combinación de dos vocablos griegos: *para,* la preposición que significa «al lado de, junto a»; y *ballein,* el verbo «echar o arrojar». Juntos significan aquello que se coloca al lado de otra cosa, para demostrar la semejanza entre las dos. En resumen, parábola significa semejanza. La parábola es semejante al símil, pero sus detalles se han ampliado como narración. En un sentido, la parábola es la extensión del símil. Es una historia concreta y fácilmente comprensible de lo cotidiano —real o imaginario— a fin de ilustrar una verdad que, quien la usa, quiere hacer clara y central en sus oyentes. La parábola se compone normalmente de tres partes: la ocasión, la narración y la aplicación o lección espiritual. La parábola enseña siempre una sola verdad central, exactamente como todo otro tipo de buena ilustración en el sermón. Cuando la verdad del sermón se ilustra objetivamente a través de una historia en apariencia inocente, y se ejemplifica en la vida de alguien o algunos, su moraleja puede obrar positivamente sobre los oyentes. La parábola bien construida no necesita explicar ni moralizar, puesto que estas funciones deben estar implícitas en la sí misma. Jesucristo no solo utilizó parábolas constantemente, inspiradas en la naturaleza y en la vida social, política y doméstica, sino que también perfeccionó este género retórico-literario. Sus parábolas son ejemplos notables de ilustración, por su fuerza, equilibrio estructural y economía del lenguaje. La preparación de parábolas como material de ilustración para nuestros sermones, es una tarea difícil, pero su uso, en los casos no muy numerosos en que se hace posible, vigorizará el carácter pictórico y docente de la predicación.

e. El suceso histórico es la imagen forjada en palabras sobre características de algún personaje o situación de la historia, preferiblemente de nuestros pueblos, que ofrezca ejemplos sobre aspectos de nuestros temas, aun en relación con manifestaciones de la providencia de Dios a través del devenir humano. Esto último obliga a la prudencia y cautela extremas en el uso de este tipo de ilustraciones. Además, somos llamados a buscar tales recursos en nuestra propia historia, pletórica de material ilustrativo. Los libros de ilustraciones, por ser hasta el presente en su mayoría traducciones del inglés, aunque proveen gran número de referencias a hechos históricos, estos son muchas veces desconocidos y encima, completamente ajenos a los intereses de nuestras congregaciones. Lo mismo se aplica a las anécdotas ilustrativas, que a continuación comentaremos.

f. La anécdota es el relato breve de un hecho curioso, poco conocido y modelador, ya sea sobre personajes y situaciones reales o imaginarias. Su valor descansa no tanto en su interés histórico o biográfico como en sus características narrativas, basadas más en lo inusual que en lo moral. Es lo fuera de lo común lo que, por vía de ejemplo, ofrece la lección espiritual. Este recurso muy usado en nuestros púlpitos, requiere selección y formulación cuidadosas. Uno de los peligros de la anécdota es su degeneración en fábula. Esta, en su significado negativo, es la narración falsa, mentirosa, de pura invención, carente de todo fundamento. Es la ficción artificiosa con que se encubre o disimula una verdad. Aparece en casi toda la literatura de género mitológico. El uso más positivo de la fábula es como composición literaria, generalmente en verso, en que por medio de una ficción alegórica y la representación de personas humanas y de personificaciones de seres irracionales, inanimados o abstractos, se da una enseñanza útil o moral. Entre las colecciones más conocidas por nuestra gente están las fábulas de Esopo, Samaniego y Hans Christian Andersen. El púlpito, opinamos, no es lugar para la fábula. Las anécdotas, ya sean reales o imaginarias, pero válidas por su relación directa y ejemplificadora con las verdades del evangelio y las necesidades humanas, tienen un lugar valioso en la predicación.

g. *La poesía* es un género literario muy utilizado, con propósito ilustrativo, en la predicación. La buena poesía no solo contiene los pensamientos más sublimes que puede concebir la mente sino que además penetra y expresa las complejas profundidades de la naturaleza humana. Tanto los clásicos de todos los tiempos, como la poesía contemporánea, en sus expresiones cristianas como en el amplio mundo de lo llamado secular, ofrecen en nuestra lengua cervantina una fuente inagotable de material ilustrativo. Aunque en general a nuestras congregaciones les agrada el uso de la poesía desde el púlpito, debemos ser muy cuidadosos. Una cosa es la poesía como medio de ilustración; otra es su uso como flor, adorno, para hacer «más bonito» el sermón. Por ello, a veces será sabio usar solo una estrofa o algunas líneas del poema que ilustren el aspecto del tema en cuestión. Con lo dicho no desestimamos la belleza que el género poético agrega a la predicación; solo apuntamos que la ética antes que la estética debe dominar nuestro mensaje.

h. *El episodio o incidente biográfico* es uno de los tipos de ilustración sermonaria de mayor uso y valor. Y esto con razón, pues, como bien apunta James D. Robertson: «No hay aspecto de la vida que no tenga paralelo en alguna biografía. Es aquí donde podemos encontrar un ejemplo concreto para cada verdad bíblica que tiene que ver con el ser humano».[4] Un tipo especial, dentro de este género, es la autobiografía o experiencia personal de quien predica. El caso del apóstol Pablo, quien reiteradamente usa sus

4 James D. Robertson, *op.cit.,* p. 30.

propias experiencias para ilustrar la verdad, defender su ministerio y ensalzar la gloria de Dios, es constantemente emulado en nuestros púlpitos. Los «testimonios personales» son elementos comunes a nuestra predicación. El peligro está cuando, quien testifica, se transforma inconsciente o conscientemente en el héroe de la historia. Ahí es cuando la experiencia personal, que pretendía ilustrar una verdad, pierde su funcionalidad dentro del sermón, pues desvía la atención de la congregación del Personaje único, en última instancia, de todo sermón: Jesucristo, y la centra en quien predica. Las experiencias personales como ilustraciones de nuestros sermones deben ser pocas, breves, sencillas y dirigidas con claridad a destacar explícitamente la gloria de Dios.

i. Los medios visuales constituyen un recurso ilustrativo que es muy poco explotado en la predicación. Si prestamos seria atención a lo ya dicho al comenzar estos comentarios sobre la ilustración, esto es, que el ochenta y cinco por ciento del conocimiento que captamos es a través de lo que vemos, entonces comprenderemos el tremendo valor de usar todo tipo de objetos visibles como ilustraciones de lo que predicamos. Las posibilidades son múltiples, y es ahí donde nuestra creatividad al respecto será probada. Desde una simple moneda, hasta la proyección luminosa de una o varias imágenes mientras predicamos, pasando por todo aquello que pueda ser útil para ilustrar las enseñanzas del sermón, debemos aprovecharlo todo como material visual ilustrativo.

Hay homiléticos que incluyen, como un tipo válido de ilustración, la alegoría. Aquí deseamos enfatizar que, así como cuestionamos anteriormente la interpretación alegórica del texto del sermón, por los errores a los que conduce, lo mismo

5. Cecilio Arrastía, *Jesucristo, Señor del pánico*, Casa Unida de Publicaciones, México, 1964, p. 8.

hacemos con el uso de alegorías como ilustraciones. Hacemos nuestras las palabras de Cecilio Arrastía: «Le tememos a la predicación alegórica tanto como al diablo, porque equivale justamente a la desencarnación del evangelio».[5]

Los propósitos de las buenas ilustraciones son, entre otros: 1) Atraer y mantener la atención, 2) clarificar las ideas, 3) apoyar la argumentación, 4) dar energía al argumento, 5) hacer más vívida la verdad, 6) persuadir la voluntad, 7) causar impresiones positivas, 8) adornar verdades majestuosas, 9) proveer descanso frente a la argumentación abstracta, 10) ayudar a retener lo expuesto, 11) reiterar o dar variedad a la repetición de un concepto, 12) aplicar indirectamente la verdad, 13) hacer práctico el sermón.

Sobre este último propósito, el de hacer práctico el sermón, es decir, que sus verdades tengan relación directa y vital con la vida, más aun, con las necesidades humanas, Lester Mathewson afirma que las ilustraciones se aplican a los principios de la vida en la siguiente forma:

1) La ilustración ejemplifica algún principio.

2) La ilustración ayuda a ver ese principio en acción.

3) La ilustración ayuda a realizar la aplicación del principio.

4) La ilustración ayuda a demostrar la necesidad y la ventaja de ese principio.

5) La ilustración ayuda a demostrar la frecuencia del principio.

6. Citado en F.D. Whitesell y L.M. Perry, *op.cit.*, pp. 72-73.

6) La ilustración ayuda a demostrar que puede haber resultados peligrosos si no se pone en práctica el principio que ella ilustra.[6]

Los predicadores podemos tener diversos propósitos al usar una ilustración, y esta puede satisfacerlos todos. La clave reside en la cuidadosa selección y elaboración de buenas ilustraciones. Escojamos y preparemos, entonces, ilustraciones comprensibles, apropiadas, interesantes, gráficas, breves y dignas de crédito. Huyamos de las muy trilladas, ya conocidas de todos. Jamás preparemos un sermón en torno a una ilustración. Las ilustraciones que necesitamos explicar, no sirven. Eliminemos toda inexactitud e imprecisión en nuestras ilustraciones. Seamos cuidadosos en el número de ilustraciones en cada sermón; usar la cantidad de ilustraciones apropiadas por cada división principal del bosquejo es un buen criterio.

BIBLIOGRAFÍA

Alba, Amparo. *Cuentos de los Rabinos.* Ediciones el Almendro, Córdoba, Argentina, 1991.

Booher, Dianna. *Cómo hablar en público sin temor.* Editorial Vida, Deerfield, Florida, 1994.

Costas, Orlando. *Comunicación por medio de la predicación.* Editorial Caribe, Miami, Florida, 1973.

Fuller, Edmund. *2500 Anecdotes for all Occasions.* Dolphin Books, Doubleday and Company, Inc., Garden City, New Jersey, 1961.

Loscalzo, Craig A. *Preaching Sermons that Connect.* InterVarsity Press, Downers, Grove, Illinois, 1992.

MacArthur, John, Jr. *Rediscovereing Expository Preaching.* Word Publishing, Dallas, Texas, 1992.

Canfield, Jack; Hansen, Mark; Aubery, Patty y Mitchell, Nancy. *Chicken Soup for the Christian Soul.* Health

Communication, Inc., Deerfield Beach, Florida, 1997.

Mottesi, Osvaldo L. *Predicación y misión, una perspectiva pastoral.* LOGOI, Miami, Florida, 1989.

Palau, Thompson, Vega y Casati. *Cómo preparar sermones dinámicos.* LOGOI, Miami, Florida, 1974.

Richard, Ramesh, *Scripture Sculpture. A Do-It-Yourself Manual for Biblical Preaching.* Baker Books, Grand Rapids, Michigan, 1995.

Robinson, Haddon W. *La predicación bíblica, desarrollo de mensajes expositivos.* LOGOI, Miami, Florida, 1993.

Rogers, Adrian. «Preaching and Church Growth» en *Preaching Magazine.* Jackson, Tennessee, May-June, 2000, pp. 10-12.

Seger, Linda, *Creating Unforgettable Characters.* Fitzhenry & Whiteside, Ltd, Marham, Ontario, 1990, p. 16.

Zinsser, William. *On Writing Well.* Harper and Row, New York, 1980.

Macrorie, Ken. *Telling Writing.* Hayden Book Company, Rochelle Park, New Jersey, 1970.